마음 실험실

마음 실험실

시간과 감각·삶과 사랑에 관한

18가지 심리실험

이고은 지음

심심

쓸모없는 마음의 기능은 없다

"전공이 심리학이면서 사람 마음을 왜 이렇게 몰라?"

살면서 다른 사람과 다투거나 갈등을 빚는 일이 좀처럼 없는 편인데 그 사람과는 이별을 목전에 두고 서로에게 안 좋은 말을 많이도 주고받았다. 이제는 목소리조차 가물가물하지만 저 말은 가끔 귓전에 맴돌며 내 마음을 무겁게 한다. 주변 사람들도 하소연하듯 내게 비슷한 말을 내뱉은 적이 있다. '심리학을 공부했다면서…….' 나를 바라보는 사람들의 눈에는 '너, 사람 마음을 잘 아는 전문가 아니었어?'라는 실망감이 섞여 있을 때가 많다. 덕분에 나도 대관절 심리학은 사람들에게 왜 이런 식으로 받아들여질까를 자주 고민한다.

사실 심리학은 잘못한 게 없다. 자기 마음을 알아주길 바란 그 사람에게 실망을 안겨준 건 내 편협한 성품과 모자란 감수성 탓이지, 전공 발휘를 제대로 못해서가 아니다. 심리학은 마음을 읽는 방법을 배우는 학문이 아니기 때문이다. 인간 심리를 간파해 행동을 예측해내는 학문은 더더욱 아니다.

마음은 우리가 의식적으로 자각하는 것뿐 아니라 자각하지 못한 채 뇌에서 처리되고 있는 모든 일들이다. 우리의 마음, 인간의 심리는 고차원적인 능력만을 가리키지 않는다. 생존을 돕는 원초적 능력들, 예컨대 보고 듣고 느끼는 것도 모두 마음에 해당한다.

눈앞에 펼쳐진 세상을 보고, 글자 하나하나를 인식해 처리하고, 소리를 듣고 반응하며, 감각을 느끼고, 행동으로 옮기는 모든 것이 우리 마음에서 비롯된다. 사소하고 당연해 보이는 행동들도 마음이 없다면 불가능하다. 지금 이 순간 여기 적힌 글자와 글을 인식해 읽어내고 무슨 뜻인지 어렵지 않게 파악하며 이 책을 계속 읽을 것인지 말 것인지를 결정하는 과정도 우리 마음이 제대로 기능해주는 덕분에 가능한 것이다.

또한 마음은 우리의 생각, 기분, 태도에 끊임없이 영향을 준다. 그런 의미에서 인간의 마음은 복잡하고 동시에 매우 귀하다. 이토록 소중한 마음을 가장 합리적으로 설명하고 이해할 수 있는 방법은 과학, 그것 말고는 없다. 인간의 마음은 귀에 걸면 귀걸이 코에 걸면 코걸이처럼 되는 대로 만들어지는 것이 아니기 때문이다. 심리학은, 특히 인지심리학은 이렇듯 눈에 보이지 않는 마음을 '과학적'으로 이해하도록 돕는 학문이다.

우월한 마음과 열등한 마음이 따로 있을까

최근에는 조금 특별한 사람들을 대상으로 심리실험을 진행했다. 시간을 대하는 관점이 한쪽으로 치우쳐 있는 사람들이었는데, 한 집단은 '현재'에 유달리 큰 가치를 두고 있었고 또 다른 집단은 '미래'가 그 어떤 시점보다 중요하다고 생각했다.

나는 시간을 바라보는 관점이 다른 두 집단이 시각 자극도 각각 다르게 처리할 것이라는 가설을 세웠다. 실험을 위해 두 집단에게 같은 사진을 보여줬다. 결과는 예상대로였다. 현재를 중시하는 사람은 사진을 볼 때 주변부보다는 중심을 보는 데 더 많은 시간과 에너지를 쏟았다. 배경보다는 피사체에 집중한 것이다. 반면 미래를 중시하는 사람들은 피사체에 집중하기보다 전체적인 배경을 보려는 경향이 뚜렷했다. 시간에 관한 가치관의 차이가 눈에 보이는 대상을 인식하는 방식의 차이로까지 이어진 것이다.

그런데 실험 자체와는 별개로, 실험을 하는 동안 나는 뜻밖의 흥미로운 경험을 하게 됐다. 우선 실험 전부터 두 집단 사이에는 차이가 있었다. 미래를 중시하는 사람들은 실험을 시작하기로 한 시간보다 10분에서 15분 전에 모두 실험실에 도착했고, 단 한 명도 지각하는 사람이 없었다. 반면 현재를 중시하는 이들 중 실험실에 미리 도착한 사람은 아무도 없었다. 실험이 시작되기 5분 전쯤에 전화를 걸자 '지금 가는 중'이라고 답하거나 '실험실 위치가 어디냐'고 되묻는 경우가 태반이었다.

이 결과를 두고 미래를 중시하는 사람이 현재에만 몰두하는 사람보다 더 괜찮은 인간이라고 해석할 수도 있을 것이다. 그런데 정말로 그럴까?

실험이 끝난 뒤 두 집단에게 소감을 물으며 반응을 살폈다. 이번에도 차이는 분명했다. 미래 지향형 참가자들은 실험 결과를 무척 궁금해 하며 초조한 모습을 내비쳤다. 이들에게는 과제를 얼마나 완벽하게 수행했는지가 중요한 것처럼 보였고 약간 스트레스를 받은 듯했다. 하지만 현재 지향형 참가자들의 모습은 달랐다. 과제가 너무 재미있었다고 입을 모은 것은 물론이고 다음번에 비슷한 실험을 하게 되면 다시 불러달라며 들뜬 표정을 지었다. 실험 자체를 즐긴 듯한 모습이었다.

과연 둘 중 한 집단이 더 낫다고 말할 수 있을까? 둘 중 한 쪽을 더 나은 인간형이라고 확답할 수 있을까? 지금에 만족할 줄 아는 마음과 좀 더 완벽해지고 싶은 마음 중 어느 것이 더 나은 마음, 더 괜찮은 마음이라고 단정 짓기란 어렵다. 그럴만한 과학적 근거도 없거니와 마음은 우월하다거나 열등하다는 식으로 구분할 수 있는 성격의 것이 아니기 때문이다. 두 집단은 그들 나름의 마음을 서로 다른 모습으로 드러냈을 뿐, 우월하거나 열등한 마음은 존재하지 않는다.

내가 심리학을 공부하면서 얻은 가장 큰 수혜는 '사람의 마음을 읽을 줄 아는 능력'이 아니다. 오히려 그런 능력과는 점점 멀어지는 것 아닌가 싶을 정도로 타인의 마음에 둔감한 편이다. 심리학 덕분에 나는, 어떤 마음도 우월하거나 열등하지 않다는 것을 배웠다. 또한 우리 마음이 우월해지기 위해서가 아니라 생존에 가장 적합하기 위해 구성되었다는 것도 배웠다.

어떤 마음도 허투루 생긴 것이 없다. 우리 마음은 각자에게 최적화한 방식대로 살아가기 위해 생겨난 것이다. 그러므로 나의, 당신의, 그리고 우리의 마음들은 전부 타당하다. 걱정이 많은 것도, 남과 다르게 기억하는 것도, 자주 우울한 것도, 가끔은 힘든 것도 모두 이유 있는 마음이다. 지금도 내 마음은 내 삶을 위해 최선을 다해 기능하고 있다. 무엇 하나 쓸모없는 마음의 기능은 없다.

이 책을 집필하는 데 도움을 주신 고마운 마음들에게 큰 빚을 졌다. 이 빚을 돈으로 환산한다면 아마 평생 갚아도 다 갚지 못할 빚더미에 앉게 될 것이다. 이루 다 표현할 수 없을 만큼 존경하는 신현정 지도 교수님, 내 글과 책에 각별한 애정을 쏟아주신 이은정 편집장과 심심 관계자들, 내게 늘 과분한 마음을 주시는 온오프라인의 소중한 분들에게 깊은 감사의 말씀을 전하고 싶다.

끝으로 내 모든 마음의 기원이신 사랑하는 엄마 이경란 님께 이 작은 책을 바친다.

2019년 6월

이고은

차례

1부 ●┈┈┈┈┈┈┈┈┈▶ 감각의 실험실

보는 것은 어떻게 마음이 되는가

마음의 원료가 되는 감각들에 관하여

○○

인간의 마음을 이해하기 위해서는
우리가 받아들인 정보를 어떻게 처리하는지 알아야 한다.
인간의 마음이란 인간의 정보처리 과정 그 자체다.

"좋아하는 상대를 만나면, 그 사람 눈을 자세히 살펴보세요. 상대가 나를 마음에 들어 하면 동공이 확장되거든요."

인간의 시각 능력, 즉 보는 마음에 관해 강의할 때마다 내가 곧잘 하는 멘트다. 상대방의 눈꺼풀을 까뒤집어 보거나 코가 닿을 만큼 가까운 거리가 아니고서야 확인이 어려울 테지만 꼭 실천해 볼 듯이 웃는 학생들의 반응은 재밌다.

로마 시대 철학자 키케로는 '눈은 마음의 창'이라 했다. 그 말에 걸맞게 우리 눈은 좋아하는 마음에는 동공 확장으로, 당황스러운 마음에는 동공 지진으로, 거북한 마음에는 동공 수축으로 반응한다. 눈이 마음의 창이라는 건 눈으로 마음을 알 수 있다는 의미이기도 하지만, '보는 것이 곧 마음이 된다'는 뜻도 된다.

동공의 크기와 마음의 관계, 즉 눈과 마음의 관계를 살펴본 최초의 연구는 1965년에 있었다. 미국의 심리학자 에크하르트 헤스Eckhard H.Hess는 사람의 동공이 팽창하는 정도를 통해 그 순간의 마음을 알 수 있을 것이라는 가설을 세우고 여러 가지 실험을 진행했다.[1] 연구 결과를 종합해보면, 인간은 흥미로운 것을 보면 동공이 확장된다. 예컨대 남성은 매력적인 여성의 사진을 보자 동공이 많이 확장됐고, 여성의 동공은 아기 사진을 볼 때 크게 확장됐다.

20명의 남성에게 동일한 여성을 찍은 사진 두 장을 보여주었다. 두 사진은 얼핏 다른 점이 없어 보였지만, 사진 속 여성의 동공 크기가 달랐다. 어느 사진이 더 마음에 드는지 고르게 했더니 남성 실험 참가자 대부분은 동공이 큰 여성 사진을 선택했다. 왜 그런지 묻자 이유를 잘 모르겠다고 대답했다. 두 사진이 어떻게 다른지 물었더니 몇몇 남성 참가자는 동공의 크기가 큰 사진을 가리키며 여성의 인상이 부드럽고 더 매력적인 느낌이 든다고 대답했다. 헤스 박사는 연구 결과를 토대로 동공의 크기는 우리가 의식적으로 알아차리기 어렵지만 아주 중요한, 비언어적 소통 방식인 것 같다고 해석했다.

헤스 박사는 우리가 특정 활동을 할 때에 동공에 어떤 변화가 있는지 알아보는 실험도 했다. 실험 참가자들에게 수학 문제를 제시하고, 문제를 푸는 동안 참가자들의 동공이 어떻게 변하는지 측정한 것이다. 참가자들의 동공은 간단한 문제를 풀 때는 평균 4퍼센트 확장됐고, 가장 어려운 문제를 푸는 동안에는 무려 30퍼센트나 확장됐다. 그래도 일단 문제를 풀고 나면 모든 경우에 동공이 평소 크기로 돌아왔다. 이는 동공의 확장 정도가 인지적인 노력의 척도가 된다는 의미이기도 했다. 평소에 수학 성적이 비교적 높은 학생보다 낮은 학생의 동공이 문제를 풀 때 더 많이 확장된다는 사실도 밝혔다. 수학 문제는 수학 성적이 낮은 학생들에게 더 많은 노력을 요구하는 과제였던 것이다. 좋은 것을 볼 때 동공은 커지지만, 평소보다 더 많은 주의를 기울여야 하는 상황에서도 팽창한다.

그런데 나를 마음에 들어 하는지 아닌지를 알고 싶어서 상대의 동공을 확인해보겠다는 사람들에게 알려주지 않은 정보가 있다. 동공은 좋아하는 사람을 보았을 때 확장되기도 하지만, 특이하거나 신기한 사물, 독특한 물체를 보았을 때도 팽창한다. 만약 상대방의 동공이 커진 것을 목격했다면 내가 그에게 매력적인 사람이기 때문일 수도 있지만, 드물게 희한한 사람이기 때문일 수도 있다. 우리의 신체 반응은 너무 솔직해서 가끔은 몰인정하다.

○○   아는 대로, 보이는 대로, 믿는 대로

우리는 눈, 코, 귀, 입, 피부 등 감각기관을 통해 외부의 다채로운 자극과 정보를 받아들여 세상을 해석하고 이해한다. 눈으로 빛 에너지를 받아들이고 빛이 지닌 여러 가지 속성들, 예컨대 밝기나 색깔, 무늬 등을 통해 사물의 모양이나 크기, 위치, 거리

같은 시각 정보를 얻는다. 귀로 들어온 공기의 파동은 소리가 나는 위치나 소리의 크기, 음색, 그리고 의미 등 청각 정보로 변환된다.

우리의 마음은 각 감각기관이 지닌 수용기receptor들이 외부 자극을 받아들여 뇌로 전달하고, 그렇게 받아들인 정보를 처리하는 뇌 영역들이 각각의 자극을 해석하고 이해하면서 생겨난다. 즉, 인간의 마음은 보고, 듣고, 냄새 맡고, 맛보고, 촉감을 느끼는 감각에서 시작된다. 인간의 감각 작용이 우리의 모든 마음을 출현시키는 원료가 되는 것이다.

따라서 인간의 마음을 이해하기 위해서는 우리가 받아들인 정보를 어떻게 처리하는지 알아야 한다. 인간의 정보처리 과정과 원리를 이해하는 것이 바로 인간의 마음을 이해하는 핵심이라고 볼 수 있다. 인간의 마음이란 인간의 정보처리 과정 그 자체다.

인간의 뇌가 외부 자극을 받아들여 정보를 처리하는 방식은 크게 두 가지로 나뉜다. 심리학에서는 이러한 정보처리 방식을 상향처리bottom-up processing와 하향처리top-down processing로 구분해 설명한다. 상향처리는 감각기관 수용기가 받은 정보에 기초한 중립적인 처리를 의미한다. 상향처리를 하는 뇌는 감각기관 수용기가 전해주는 자극과 정보의 지극히 객관적이고도 물리적 속성을 그대로 해석하고 이해하는 임무를 수행한다. 낯선 얼굴과 맞닥뜨렸을 때, 눈이 있고 코가 있고 입이 보이므로 사람의 얼굴에 해당한다고 정보를 처리하는 방식이나 어딘가에서 말소리가 들릴 때, 단어와 문장으로 구성되는 소리의 조합이 인간이 내는 말소리임을 인식하는 방식이 상향처리다.

반면 하향처리는 외부 자극을 객관적으로 처리하지 않는다. 하향처리를 하는 뇌는 외부의 자극과 정보를 이미 가지고 있는 기억과 경험 그리고 정보의 맥락이나 대상에 관한 지식을 토대로 해석한다. 낯선 얼굴과 맞닥뜨렸는데, 내 친구 얼굴과 닮았다거나 이런 인상을 가진 사람은 대체로 선한 것 같다거나 하는 식으로 해석하는 것이 하향처리다. 어디선가 낯선 외국어가 들리지만 꼭 화가 난 목소리인 것 같다는 느낌을 받거나, 얼핏 들리는 억양이 꼭 경상도 방언과 닮았다는 식의 주관적 느낌은 모두 하향처리 방식으로 정보를 처리해서다.

하향처리는 특히, 이미 가지고 있는 기억과 경험을 한껏 응용해 외부 자극을 능동적으로 처리하기 때문에 뚜렷하지 않은 자극과 정보를 무리 없이 해석해내는 데 유용하다. 얼굴의 일부 또는 흐릿한 형태만 보아도 우리는 쉽게 그것이 사람의 얼굴임을 알아차린다. 또 아는 얼굴이면 누구의 얼굴인지도 어렵지 않게 알아본다. 뿐만 아니라 개인적인 기대와 필요에 따라 같은 자극과 정보도 서로 다르게 해석할 수 있다. '아는 만큼 보이고, 아는 대로 들린다'는 말은 인간의 정보처리 방식 중 하향처리를 두고 하는 이야기다.

아는 만큼 보거나 듣는 정보처리 방식 때문에 때로는 생각지 못한 부작용도 생긴다. 내 얼굴 미간에는 제법 선명한 수두 자국이 있다. 사람들이 내게 미간의 흉터가 왜 생겼는지 묻지 않기 시작한 건 성인이 된 뒤부터였다. 얼마쯤 친해진 사람에게 미간의 흉터가 어릴 땐 콤플렉스였다고 말하면 그제야 "흉터?"라며 내 얼굴에 자기 얼굴을 들이밀어 친히 확장되는 동공을 보여준다. 내게 이 이야기를 들은 후부터는 나를 보면 흉터가 자꾸 보인다고도 말한다. 그들 뇌에 내 얼굴에 관한 특별한 정보값이 입력된 것이다. 내가 없을 때도 수두 자국 이야기가 나오면 내 얼굴이 떠오른다는 사람도 있다. 내 생각을 해주어 고맙다고 해야 할지는 아직 잘 모르겠다.

하향처리의 부작용은 청각 정보에도 적용된다. 에릭 카멘^{Eric Carmen}의 유명한 팝송 〈올 바이 마이셀프^{All by myself}〉의 가사 'All by myself'가 '오빠 만세'로만 들리는 덫에 빠진다. 퀸의 음악 〈위 아 더 챔피언^{We are the Champion}〉의 가사 'We are the Champion'이 '우리 아들 챔피언'으로 들리는 바람에 들을 때마다 혼자 피식피식 웃는다. 그래도 이 정도는 재미로 웃어넘길 수 있다. 하향처리가 안겨준 내 인생 최고의 저주는 이소라의 노래 〈바람이 분다〉에서 정점을 찍는다. '사랑은 비극이어라, 그대는 내가 아니다. 추억은 다르게 적힌다'라는 이 담담하고도 슬픈 가사가 '사랑은 비둘기 어라'라고 들린 순간부터 나는 '안 들은 귀 삽니다'를 넘어 인간의 정보처리 방식을 원망하게 됐다. 내게 이소라의 〈바람이 분다〉는 조금 다른 의미로 슬픈 노래다.

경험과 정보는 인간의 마음에 무섭도록 단단히 자리한다. 게으른 뇌는 색다른 정보를 새로운 지식으로 재구성하기보다 쉽고 빠르게 처리하는 쪽을 고집한다. 때문에 뇌로 입력된 정보는 아는 대로, 보이는 대로, 믿는 대로 쉽고 편하게 처리되어 버린다.

"처리는 비극이어라. 정보는 뇌가 아니다. 노래는 다르게 들린다."

○○　아무도 세상을 객관적으로 지각하지 않는다

우리는 감각 작용에 기초해 세상을 배운다. 감각기관에 입력된 세상의 모든 정보는 우리 뇌에서 '마음'으로 빚어진다. 우리는 세상을 마음으로 보고 마음으로 듣는다.

세상 사물들에겐 정해진 색깔이란 것이 없다. 우리가 색깔이라고 인식하는 것은 사물의 표면에서 반사된 빛의 파장이다. 빛의 파장이 짧으면 보라색에 가깝게, 파장이 길면 빨간색에 가깝게 인식되는 것이다. 망막의 색채 수용기인 원추체photoreceptors-cone가 받아들인 사물의 파장을 뇌가 해석해 '색깔'이라는 정보를 만들어내는 것이지 사물 자체가 색깔을 지닌 것은 아니다.

우리 눈에 보이는 노란색 프리지아는 인간에게만 노란색이다. 프리지아가 노란색인 것은 색채 수용기로부터 전달받은 정보를 뇌의 시각 영역이 해석해 알려준 덕이다. 벌새에게 프리지아는 노란색의 심미적 매력보단 꿀이 많고 적음의 실리적 정보가 더 중요한 먹이 보관소다. 따라서 벌새는 굳이 꽃의 색깔을 인간처럼 인식할 필요가 없다.

개는 인간이 결코 느낄 수 없는 수준의 공기 변화를 냄새로 인식한다. 인간은 후각을 인식하는 뇌 영역이 두뇌 총중량의 1퍼센트 내외에 불과하나 개는 13퍼센트에 달한다. 또 개에게는 인간보다 후각 수용체가 훨씬 많다. 인간은 600만 개, 개는 3억 개가 넘는다. 개는 인간과 근본적으로 다른 후각 시스템을 가진 것이다. 개는 인간보다 넓고 다양한 범위의 중첩된 냄새들을 맡으며, 냄새의 각 층에서 서로 다른 정보를 얻는다. 인간은 인식조차 못하는 감각이 개의 생존에는 아주 중요한 정보인 것이다.

우리가 경험하지 못하고 인식할 수 없다고 해서 존재하지 않는 것이 아니다. 비록 각자 느끼고 인식하는 세상은 다르지만, 벌새의 마음이나 개의 마음이나 인간의 마음이나 모든 마음은 생존에 또는 생활에 최적화된 방식이기에 소중하고 중요하다. 생각해보면, 인간들도 저마다 다른 눈으로 세상을 본다. 나름 객관적으로 지각한다고 착각할 뿐 실제로는 주관적인 '마음의 눈'으로 세상을 인식하는 것이다. 내가 눈으로 보는 것에는 보이는 이미지보다 훨씬 더 많은 정보가 담겨있을 수 있다. 그래서 나는 오늘도 나에게 묻는다.

"지금, 내 마음의 동공을 충분히 확장시키며 살고 있는가?"

마음의 병이 신체적 고통으로 이어질까

정신적 고통과 신체적 고통의 과학적 상관관계

○○

마음이 아프면 몸도 아픈 걸까?
만약 그렇다면 어째서 마음의 병이 신체적 고통으로
이어지는 것일까? 마음고생의 근간을 정신적 고통이라고 본다면,
정신적 고통과 신체적 고통은 과학적으로 어떤 관계일까?
그 둘은 어떻게 같고 또 다를까?

엄마의 어릴 적 친구는 무척 두꺼운 안경을 쓰고 계셨다. 어느 날 어린 내가 엄마에게 물었다.

"엄마, 저 이모는 어릴 때부터 눈이 많이 나빴어요?"

엄마의 대답은 시간이 훌쩍 지난 지금도 잊을 수 없을 만큼 적잖은 충격을 안겨줬다. 결혼을 약속한 남자 친구와 갑작스레 헤어지게 된 이모는 이별의 고통을 겪어내는 동안 힘든 시간을 보내야 했는데, 그 시련에 시력까지 망가져버렸다는 것이었다.

"사람이 많이 슬프면 눈에서 피눈물이 난다고 하잖아. 이모는 아마 그 정도로 아픔을 느꼈던 모양이야."

이별 이후 입맛이 떨어지고 억지로 뭔가를 먹어도 소화가 안되고, 잠을 도통 이루지 못하는 경험을 해봤을 것이다. 꼭 이별이 아니더라도 마음고생이 심하면 체력은 바닥나고, 체중도 급격히 늘거나 줄어버린다.

마음이 아프면 몸도 아픈 걸까? 만약 그렇다면 어째서 마음의 병이 신체적 고통으로 이어지는 것일까? 마음고생의 근간을 정신적 고통이라고 본다면, 정신적 고통과 신체적 고통은 과학적으로 어떤 관계일까? 그 둘은 어떻게 같고 또 다를까?

우선 일반적으로 고통을 어떻게 정의하는지 알아보자. 국제통증연구학회International Association for Study of Pain에서 1979년에 발표한 고통의 공식적 정의는 "실제적이거나 잠재적인 조직 손상 또는 이런 손상으로 볼 수 없는 상태가 유발하는 불쾌한 감각과 감정적 경험"이다.[2] 학회에서 합의한 정의를 쉽게 풀어보자면, 고통은 몸이나 마음이 느끼는 괴로움과 아픔이다. 특히 학회의 정의는 고통이 어떻게 작용하는지보다 어떤 느낌인지에 초점을 맞추었다. 어떤 면에서 고통은 사랑이나 행복처럼 관념적이고 광범위한 개념이다.

고통을 정의하거나 설명하기 어려운 이유는 고통이 본질적으로 주관적이기 때문이다. 신체적 고통과 정신적 고통의 관계를 연구하는 숀 매키Sean Mackey 박사는 고통을 어떤 자극에 따른 느낌이라고 했을 때, 그 자극의 양과 고통의 정도를 일정한 방식으로 측정하기란 어렵다고 말했다.[3] 어떤 자극을 주었을 때 느끼는 고통이 사람마다 다를 수 있다는 것이다. 이처럼 고통에 관한 객관적인 지표가 없기 때문에 신체 건강과 정신 건강을 담당하는 의료진 같은 전문가들은 고통을 호소하는 환자의 주관적인 설명에 의존할 수밖에 없다.

사회심리학자 나오미 아이젠버거Naomi Eisenberger는 뼈에 금이 갔을 때 느끼는 신체적 고통과 사회적으로 받은 상처로 인한 정신적 고통을 우리 뇌가 어떻게 처리하는지를 알아보기 위한 매우 흥미로운 연구를 했다.[4]

아이젠버거 박사 연구팀은 우리가 고통을 표현할 때 쓰는 언어에서 실마리를 찾고자 했다. 우리는 보통 사회적으로 거부당하거나 상실을 경험하면 '마음이 아프다'고 말한다. 이렇게 마음이 아플 때, 우리는 '가슴에 멍이 든다'거나 '심장에 못이 박히는 것 같다'는 등 신체적 고통을 나타내는 표현을 쓴다. 연구팀은 이런 언어 습관에서 착안해 우리가 별개로 인식하는 두 가지 고통, 즉 신체적 고통과 정신적 고통이 신경과학적 관점에서는 동일할지도 모른다고 생각했다. 그래서 심리적으로 힘들 때도 뼈에 금이 가거나 화상을 입을 때처럼 물리적 통증을 느끼는 것인지 아니면 표현이 만들어낸 착각 또는 환각인지 알아보려 했다.

오랜 기간 연구한 결과, 신체적 고통과 정신적 고통을 표현하는 언어가 일치한 것은 우연이 아니었다. 연구팀은 신체적 고통과 정신적 고통을 처리하는 두뇌 과정이 놀라울 정도로 동일하다는 연구 결과를 내놓았다. 뇌는 정신적 고통을 신체적 고통과 유사하거나 오히려 더 실재적으로 해석했다. 뇌에서 신체적 고통을 처리하는 영역인 배측 전대상피질DACC,dorsal anterior cingulate cortex과 전측 뇌섬AI, anterior insula이 사회적으로 거부당해 정신적인 고통을 겪을 때에도 똑같이 활성화되는 것으로 밝혀진 것이다.[5] 이 연구 결과는 인간에게 고통이란 무엇이며 어떤 의미가 있는지를 깊이 통찰할 계기를 마련해주었다.

○○   마음 아플 때 타이레놀?

아픔이라 하면 으레 촉각을 떠올리기 쉽지만 고통을 느끼는데에는 인간이 가진 여러 감각기관이 관여한다. 따라서 인간은 다양한 경로로 고통을 느낀다. 뜨거운 커피에 혀를 데었을 때나 책상 모서리에 무릎을 부딪치면 그 자극은 우리 몸의 통증 시스템(통각신경)을 통해 뇌로 전달되고, 우리는 고통을 느낀다. 마찬가지로 찢어지는 듯한 소리나 너무 밝은 빛도 뜨거운 커피에 데었을 때와 똑같이 통증 시스템을 통해 고통으로 인식된다.

'다양한 감각기관과 경로가 정보를 뇌로 전달해 고통을 느끼게 한다'는 것은 매우 중요한 개념이다. 고통이란 근본적으로 뇌와 관련된 현상이며, 우리 뇌는 고통을 처리하고 인식하고 조절하는 곳이다. 따라서 뼈에 금이 갔을 때(신체적 고통)의 느낌을 처리하는 뇌 영역과 믿었던 친구가 배신을 했을 때(정신적 고통)의 느낌을 처리하는 뇌 영역이 동일하다는 발견은 정신적 고통이 신체적 고통만큼 아플 수 있음을, 그리고 그보다 더 구체적인 고통일 수 있음을 시사한다.

정신적 고통과 신체적 고통을 처리하는 뇌 영역이 동일하다는 전제 하에 이런 질문을 던질 수 있다. 마음이 아플 때 진통제 타이레놀을 먹으면 좀 나아지지 않을까? 정신적 고통을 사그라뜨리기 위해 신체적 고통에 사용하는 약을 쓸 수 있는지를 알아보는 실험이 있다.

심리학자 네이선 드월Nathan DeWall 연구팀과 나오미 아이젠버거 연구팀은 공동으로 타이레놀, 즉 아세트아미노펜이 정신적 고통을 줄여주는지 알아보는 실험을 했다.[6] 첫 번째 그룹의 실험 참가자들에게는 매일 저녁 아세트아미노펜이 아닌 위약, 일종의 비타민을 먹게 했다. 물론 그들은 약을 아세트아미노펜으로 알고 먹었다. 그리고 두 번째 그룹의 참가자들에게는 진짜 아세트아미노펜을 복용시켰다. 실험 참가자들은 모두 매일 밤, 하루 동안 정신적 고통을 어느 정도 경험했는지 기록했다. 그에 덧붙여 긍정적인 감정의 수치도 기록했다.

3주 뒤, 아세트아미노펜을 복용한 참가자들은 위약을 복용한 참가자들에 비해 정신적 고통을 덜 느낀 것으로 나타났다. 하지만 긍정적인 감정이 증가하지는 않았다. 이는 아세트아미노펜이 부정적인 감정을 누그러뜨릴 수는 있어도 긍정적인 감정을 높여주지는 않는다는 뜻이다. 생리통으로 타이레놀을 복용하면, 통증이 진정되긴 해도 평소보다 더 좋은 컨디션을 만들어주지는 않는 것처럼 말이다.

타이레놀은 상실을 경험하고 고통스러워하는 마음을 일시적으로 줄여주는 효과를 낸다. 주위를 둘러보면 신체적으로 별 문제가 없는데도 진통제를 자주 먹는 사람들이 있다. 나도 그런 편이다. 가방에 항상 두통약이 들어 있다. 혹시 정신적 고통, 즉 마음고생을 감당하려고 몸이 미리 진통제를 원하는 건 아닐까. 진심으로 약효가 잘 발휘해주길 바란다. 누군가가 던지는 비수를 맞아도 좀 덜 아프거나 빨리 나으려고 미리 연고칠을 해두는 것이니 말이다.

○○   어떤 고통이 더 오래, 더 많이 아플까

신체적 고통과 정신적 고통 중 어느 쪽이 더 오래 갈까? 그리고 둘 중 어느 쪽이 더 고통스러울까? 정신적 고통은 언제 끝날지 불확실하다. 그에 반해 신체적 고통은 나아가는 과정이 보인다. 아물어가거나 상처가 사라져가는 과정을 보는 것은 적잖이 안도감을 준다. 그런데 마음의 상처는 치유 과정을 볼 수 없다. 뼈에 금이 가면 언젠가는 붙지만, 마음의 상처는 평생토록 원치 않게 따라다니기도 한다. 그렇다면 정신적 고통이 신체적 고통에 비해 더 고통스럽지 않을까?

신체적 고통과 정신적 고통을 떠올렸을 때 어떤 아픔이 더 고통스러운지 알아본 연구에 따르면, 참가자들은 신체적 고통보다 정신적 고통을 떠올리면서 더 괴로워했다.[7] 고통스러운 기억에 활발히 반응하는 뇌 영역도 조금 달랐다. 신체적 고통을 떠올릴 때 가장 활성화된 영역은 우리 몸의 감각을 인식하는 데 관여하는 체성감각피질somatosensory cortex이었다. 반면에 정신적 고통을 떠올릴 경우에는 분위기와 정서 또는 다른 사람의 의도를 파악하는 데 관여하는 배내측 전전두피질dorsomedial prefrontal cortex이 더 활성화되었다. 그래서 사람들은 정신적 고통을 떠올리면 그때의 감정이나 분위기도 쉽게 떠올린다. 마치 그때의 상황을 그대로 옮겨놓은 듯 눈물을 흘리거나 화를 내기도 한다. 하지만 신체적 고통에 대해서는 그때의 고통을 고스란히 떠올리지 못하거나 이미 잊은 경우가 많다.

정신적 고통으로 인한 마음의 상처는 인간에게 매우 복합적인 통증이다. 특히 '사회적 거부'라는 정보를 처리할 때는 내가 아니라 '상대방이 왜 그렇게 했을까'에 집중하게 된다. 그 사람은 왜 나를 떠났을까, 나를 어떻게 생각했을까 같은 생각을 훨씬 많이 한다. 믿었던 친구에게 배신을 당하거나 회사에서 억울한 일을 당해도, 그 친구에게 나는 어떤 사람이었기에, 주변 사람들에게 내가 어떤 존재였기에 이런 일이 생겼을까를 되뇐다. 이런 생각들은 꽤 오래 반복되고 집요하게 우리를 붙들고 늘어진다. 그 상황을 지나치리만큼 자주 떠올리게 된다. 아마도 그 상황을 이해해보기 위해서일 것이다. 이해를 해야 받아들일 수 있고 받아들여야 회복할 수 있지만 말처럼 쉽지가 않다. 사회적 거부로 인한 마음의 상처는 신체적 상해와는 다르게 원인이 모호한 경우도 많다. 정신적 고통의 원인은 명확한 설명이 어렵다. 그만큼 많은 상황과 여러 관계가 복잡하게 얽혀 있다.

무엇보다 마음의 상처에는 정서가 깊이 개입한다. 그래서 실연을 당하거나 상처받았던 일을 다시 떠올릴 때는 감정을 담당하는 뇌 영역이 다시 활성화된다. 그때 느꼈던 감정이 다시 살아나는 것이다. 새롭게 다치지 않고는 반복되는 법이 없는 신체적 자극과는 다르게 사회적 거부를 경험하게 했던 사건은 수시로 반복될 수 있다.

고통은 생존에 위협적인 여러 자극에 반응하는 광범위한 신경 경보 시스템이다. 특히 인간은 사회적 고통에 예민할 수밖에 없도록 진화했다. 거부당하면 생존과 번식의 기회가 급격히 감소하기 때문이다. 달리 말하면, 마음에 상처를 주는 행위는 그 사람의 생명을 위협하는 행위와 같다. 사회적 거부로 인한 상처나 상실의 고통을 감당하지 못해서 스스로 목숨을 끊는 경우도 많다.

누군가에게 신체적으로 위해를 가하는 행동에 대해 우리는 명확하게 '잘못'이라고 인식한다. 법적으로 강력한 처벌도 뒤따른다. 따라서 누군가를 다치지 않게 하기 위해 우리는 세심하게 신경을 쓰며 산다.

반면 마음의 상처는 의도치 않게 주기도 하고 받기도 한다. 무심코 내뱉은 말이나 무심결에 한 행동이 상대방에게 정신적인 폭력이 되거나 학대로 여겨질 수 있음을 미처 생각지 못한다. 신체적 고통보다 어쩌면 더 고통스럽고 치유가 어려운 정신적 고통에 우리는 훨씬 더 민감해야 하지 않을까.

음악은 어떻게 정서를 보관하는가

'그 음악'을 들으면 '그때 감정'이 떠오르는 이유

○ ○

우리 마음은 어떤 자극을 단독 정보로 기억하는 것이 아니라
당시의 상황이나 기분. 경험. 느낌을 함께 기억한다.
이는 회상을 돕기 위해 우리 마음이 갖춘 능력이다.

"왜 있잖아요. 후반부엔 딴 따다 따 뚜두둥, 두두두 땅땅~ 하는 노래."

나는 내가 노래를 불러줘서 그 노래가 무슨 노래인지 정확히 알아맞히는 사람을 아직 만나본 적이 없다. 제목과 가사가 떠오르지 않을 땐 그저 답답하다. 노래가 좀 잘못 만들어진 게 아닐까 하고 자주 생각한다.

듣는 사람은 당황하거나 신기해하거나 미안해하거나 으레 심경이 복잡한 얼굴색을 내비친다. 한 번 더 해보라는 짓궂은 사람도 가끔 있다. 사람이 잘하는 것과 좋아하는 것이 일치하지 않을 수도 있음을 언제쯤 덤덤히 받아들일 수 있을지 모르겠다.

그래서 내가 마련한 대책은 마음에 드는 음악을 접할 때 가수, 제목, 가사를 정확히 기억해두는 것이다. 가능하다면 작곡가와 작사가, 발표 시기도 기억한다.

"이 곡은 몇 년도 몇 월에 발표된 누구의 노래인데 클라이맥스에는 이러이러한 가사가 있어요. 이 노래 발표 당시 많이 유행했던 노래는 누구의 무슨 노래예요."

내 설명을 들은 사람들은 모종의 놀라움을 담아 "우와, 그렇구나. 그 노래구나" 하고 반응한다. 알게 된 노래 정보보다 설명해주는 나를 더 신기해하는 눈치다. 노래에 대한 기억이 뚫리면 마치 기다리고 있었다는 듯이 이야기보따리가 풀어헤쳐진다. 노래 덕에 많은 추억이 소환되어 대화는 아주 즐거워진다. 노래는 잘못이 없거니와 잘못 만들어지지도 않았다. 다만 노래에 대한 정보를 줄줄 읊는 나를 보고 초면에 내게 무슨 일을 하는 사람이냐 묻는 분들이 있기는 했다.

노래의 기능과 역할은 정말 많지만, 무엇보다 노래는 인간이 가진 언어의 한계를 보완해주는 훌륭한 도구다. 인간은 언어만으로는 해결이 안 되고 감당키 어려운 정서를 노래에 담았다. 사랑과 이별에 대한 노래가 많은 이유가 아마 그래서일 거다. 이런 감정과 상황이야말로 그냥 말로 소화하기엔 어려운 마음일 테니까. 그냥 사랑한다 말하기엔 부족한 것 같아서, 슬프다고 하기엔 이 슬픔이 다 전해지지 않아서, 보고 싶다는 말로는 다 설명이 안 돼서 사람들은 노래를 불렀다. 특별한 감정과 경험을 노래했던 그 마음은 아주 오래도록 가슴에 남는다.

내가 만약 노래를 만든다면 가사는 "오늘도 나는 아무도 읽지 않을 논문을 쓰려하네~"로 시작할지도 모르겠다. 기타 선율을 낮게 깔고 "그래도 써야지, 나는 이거밖에 할 줄 몰라~"로 마무리.

○○ 노래는 힘이 세다

요즘은 음악을 접하기 참 쉬워졌다. 사람들은 저마다 휴대기기에 자기만의 플레이리스트를 저장해두고 언제든 원하는 음악을 들을 수 있게 됐다. 누군가의 플레이리스트나 최근에 들었던 음악들은 단순히 그 사람의 음악 취향만 알려주는 것이 아니다. 대략의 연배도 가늠해볼 수 있고, 최근의 마음 상태는 물론 성격도 드러난다.

나는 대중가요를 시기별로 묶어 범주화해두는 편이다. 어떨 때 나만 알아볼 수 있는 주제로 묶어 보관하기도 한다. 사실은 플레이리스트 정리 자체가 내 취미다. 주변 사람들은 주로 장르에 따라, 가수에 따라 음악을 분류해 듣는 것 같다. 아니, 음악은 즐겁자고 듣는 건데 왜 골치 아프게 정리와 노력을 기울여야 하나며 아예 리스트를 만들지 않는 사람도 많다.

미국의 심리학자 자크 판크세프^{Jaak Panksepp}는 인간에게 음악은 서로 유대감을 느끼게 하거나 소통할 수 있게 하는 역할을 한다고 했다.[8] 인간뿐 아니라 모든 동물은 서로 소통할 때 음악적인 요소를 이용해 감정을 전달한다. 이는 다른 종種과의 소통에도 적용된다.

예컨대 반려견이 말썽을 피웠을 때는 온갖 말로 화를 내고 칭찬할 때는 세상의 모든 애정 어린 말을 쏟아내지만, 전달되는 메시지는 내뱉은 단어들이 아니라 목소리의 톤과 강도, 그리고 빠르기와 강세다. 즉, 음정과 리듬, 박자인 것이다. 단어보다 목소리의 형태 자체가 감정적 정보를 전달하고 전달받는 데 훨씬 많은 역할을 한다. 음의 높낮이, 음색, 멜로디, 리듬 덕에 우리는 말에 정서를 담아 전달할 수 있는 것이다. 인간의 소통 방식에는 이미 음악이 담겨 있다.

인간은 태어나기 훨씬 전부터 소리를 들을 수 있다. 수정 후 20주 무렵이 지나면 태아의 귀가 본격적으로 열리는데 자궁 속에서도 웃음소리, 울음소리, 음악 소리 등 온갖 소리를 듣게 된다. 25주 무렵의 태아는 소리를 듣고 기억하는 능력이 발달한다. 심지어는 들리는 음악에 맞추어 리듬을 타기도 한다. 갓난아기가 태아일 때 들었던 음악을 기억해 반응을 하더라는 이야기는 아이의 비범함을 드러내는 증거가 아니라 있는 그대로의 사실인 것이다.

○○　'자기야, 우리 노래가 나와!' 이론

미국의 심리학자 존 부스 데이비스John Booth Davies는 1978년, 인간이 음악을 과거 경험과 의식적으로 연관 짓기 때문에 감정이 발생한다는 개념을 처음으로 제시했다.[9] 음악이 우리에게 '정서'를 유발하는 기억을 상기시켜준다는 뜻이다. 힘들었거나 짜릿

했던 나름의 특별한 경험들이 음악을 통해 소환된다. 이 현상을 'Darling, they're playing ours tune' 이론, 즉 '자기야, 우리 노래가 나와!' 이론이라고 한다.

　인간의 기억은 맥락에 아주 큰 영향을 받는다. 유학 중 즐겨 듣던 노래를 다시 들으면 그때의 마음과 기억을 회상하게 된다거나 특정한 향기가 특별한 추억을 불러오는 건 기억의 맥락 효과 context effect 때문이다.

　내게 나프탈렌 냄새는 어릴 때 오빠와 하던 숨바꼭질을 떠올리게 하는 냄새다. 나프탈렌이 걸린 우리 집 옷장이 내가 잘 숨는 장소였다. 아직도 그 냄새를 만나면 어렴풋이 나를 부르는 어린 오빠의 목소리가 들리는 듯 기억이 되살아난다. 또 내게는 들으면 눈물이 쏟아질 것 같은 노래가 있는데, 첫사랑과 헤어졌을 때 크게 위로받았던 노래라서 그렇다. 그 노래는 내게 평생 나의 첫사랑을 기억나게 하는 노래가 됐다.

　이처럼 우리 마음은 어떤 자극을 단독 정보로 기억하는 것이 아니라 당시의 상황이나 기분, 경험, 느낌을 함께 기억한다. 이는 회상을 돕기 위해 우리 마음이 갖춘 능력이다. 맥락 정보들은 회상을 돕는 촉매 구실을 한다.

　특히 소리 자극에 해당하는 음악은 대단히 강렬하고 인상적인 경험이다. 경쾌한 댄스, 슬픈 발라드처럼 '정서'를 기준으로 '장르'를 구분하듯 음악은 그 자체로 감정을 유발하는 정보다.

'그 음악'을 회상하면 '그 감정'도 함께 고개를 드는 것이다. 우리의 기억 속에서 음악 한 자락은 경계가 명확하게 그어진 별개의 단위로 존재하는 것이 아니다. 아마 정서는 음악이라는 상자에 담아둘 때 온전히 보존되는 것일지도 모르겠다.

○○ 기억에도 클라이맥스가 있다

미국 듀크대학교 심리학과 데이비드 루빈David Rubin 박사 연구팀은 평균 연령 70세의 실험 참가자 70명에게 20개에서 50개의 단어를 보여주고, 자신의 생애와 관련해 기억나는 것을 이야기해보라고 했다.[10] 그런데 놀랍게도 이들이 회상한 기억은 주로 청소년기에서 20대까지의 경험으로 가득 차 있었다. 그 시기를 가장 오래, 강렬하게 기억한 것이다. 사람의 일생을 두고 기억할 수 있는 경험이 가장 많이 담긴 시기, 즉 기억나는 것이 가장 많은 시기를 '회고절정reminiscence bump기'라고 한다. 마치 노래의 클라이맥스처럼 인간의 기억 체계에도 패턴이 있는 것이다. 이 회고절정 현상은 35세 이상의 성인 실험 참가자들에게 실시한 다른 연구에서도 공통적으로 나타났다. 나이가 많든 적든, 청소년기와 성인 초기의 경험을 가장 많이 기억한다는 것이다.

가장 좋아하는 노래를 꼽아보라고 하거나 즐겨듣는 플레이리스트를 살펴보면 그 사람의 연배를 대강 알 수 있다고 한 이유가 여기에 있다. 사람들이 개인적으로 제일 좋아하는 노래는 사실 그 사람이 10대 후반에서 20대 초반 사이에 즐겨들으며 좋아했던 노래일 가능성이 크다. 자신의 회고절정기인 그 시절에 좋아했던 음악이 평생에 걸쳐 선호하는 음악 취향으로 자리 잡게 된다. 따라서 몇 십년대의 노래들 또는 언제 유행했던 음악 장르로 리스트가 가득한지에 따라 나이를 가늠할 수 있는 것이다.

인간의 기억 특성에 회고절정 현상이 있는 이유를 자아 발달 단계와 밀접하게 연관시켜 해석하는 견해가 있다.[11] 청소년기부터 성인기 초기까지는 본격적으로 자아가 발달하는 시기인데, 이 시기에 경험하는 사회·문화적 특성들이 자아 형성에 영향을 미쳐 두고두고 개인에게 중요한 기억으로 자리 잡는다는 것이다. 그 시절 음악은 단연 강렬한 정보이자 경험으로 작용한다. 감성이 풍부해지고 자아가 발달할 때 우리 마음에 각인된 강렬한 인상은 나이가 들어 새로운 정보가 들어오더라도 계속 인출되어 잘 망각되지 않는다. 그리고 자아가 확고하게 뿌리내린 장년기에 이르러 이 연결은 더욱 강화된다.

우리 뇌는 복잡한 사고, 새로운 시스템을 받아들이려 하지 않는다. 힘을 들여야 하고 노력을 기울여야 하는 일은 피할 수 있다면 최대한 피한다. 특별한 경우가 아닌 이상, 우리가 가진 회고절정기의 경험과 사고방식으로 앞으로의 긴 세월을 살게 된다는 뜻이다. 이런 특성을 대변이라도 하듯 사람들은 35세 전후를 기점으로 더 이상 새로운 장르의 음악에 감동받지 못한다고 한다. 순간 마음에 드는 음악을 들어도 그때뿐이고 반복해 들어보려 애쓰지 않고 기억도 잘 못하게 된다. 점점 게을러지는 뇌는 새로운 음악이 요구하는 새로운 정보와 감성, 새로운 사고 패턴을 밀어내기 바쁘다. 더 먹기엔 배가 부르다는 듯 우리 마음은 새로운 음악을 달가워하지 않는 것이다. 어쩌면 마음의 노화는 새로운 음악을 들을 만한 감성이 무뎌지는 것과 같은 의미인지도 모른다.

2부 ......▶ 삶의 실험실

절제력은 정말 타고나는 걸까

마시멜로 실험과 그 뒷이야기

○○

'행동을 결정하는 데 어떤 것이 더 중요할까?
유전인가, 환경인가?'라고 묻는 것은
'직사각형의 넓이를 결정하는 데 무엇이 더 중요할까?
가로의 길이인가, 세로의 길이인가?'라고 묻는 것과 같다.

도널드 헵, 심리학자

인간 행동 연구 역사에서, 특히 심리학 연구 역사에서 가장 오래된 논쟁 거리는 '본성이 먼저냐, 양육이 먼저냐'다. 우리가 특정한 방식으로 행동하고 살아가는 모습이 선천적으로 '타고났기' 때문일까, 아니면 환경이 우리에게 그렇게 행동하도록 '가르쳤기' 때문일까? '피는 못 속인다'는 말이 더 사실에 가까울까, '맹모삼천지교'가 더 맞는 말인 걸까?

유전적 요인이 학습에 영향을 미친다는 이야기가 나오면 나는 가슴이 철렁한다. 내가 생각해도 나는 타고났으면 하는 성향을 안고 태어나지 못했기 때문이다. 어릴 적 나는 정말 특출한 면이 하나도 없었다. 특히 선천적으로 양심이 바른 아이는 아니었던 것 같다. 엄마에게 보여드리지 않고 꼬깃꼬깃 가방 안에 숨겨두었던 40점짜리 수학 시험지, 옆 친구 공책을 슬쩍 보고 썼던 받아쓰기의 기억. 선생님의 칭찬을 독차지 하려고 혼자 제일 많이 고생했다는 식으로 설명했던 학급 미화 활동, 내 욕심을 채우거나 인정받기 위해 했던 숱한 행동들.

아무리 생각해보고 기억을 떠올려보아도 나는 타고난 양심이나 도덕성을 갖춘 사람이 아니다. 이런 얘기를 하면 사람들은 '아이 때는, 그렇게 어릴 때는 누구나 그렇다. 나도 그랬다'며 심심한 위로를 건넨다. 그러나 누군가는 도덕성을 가지고 태어난다고 한다. '타고난 도덕성이 존재한다'는 연구 결과는 많다. 심리실험 결과는 무섭도록 강력하게 다가온다. 내게는 '누구나 비도덕적으로 태어나지만 도덕적으로 성장할 수 있다'는 얘기보다 '누군가는 이미 도덕적으로 태어난다'는 명제가 훨씬 강력하게 와 닿는다.

많은 부모가 자기 아이에게 마시멜로 테스트를 해보고 싶어 하는 이유도 '타고난 본성'을 향한 막강한 믿음에서 비롯된다. 다섯 살 아이가 참아내는 15분을 관찰해 15년 뒤 수능 점수를 예측해볼 수 있지 않을까 하는 기대에 더해 내 아이가 인내심이 있는 아이인지, 절제력이 있는 아이인지 등 타고난 성향과 기질을 확인해보고 싶은 마음. 실험 결과는 마치 이를 미리 확인이라도 시켜주는 것처럼 해석된다.

○○   마시멜로 실험

1960년대에 미국 스탠퍼드대학교의 심리학자 월터 미셸

Walter Mischel과 동료 연구원들은 흥미로운 실험을 했다. '유아는 즉각적 유혹을 얼마나 참을 수 있는지'를 알아보는 연구였는데 이들은 네다섯 살짜리 아이들의 행동을 관찰하기 위해 특별한 실험 방법을 고안해냈다.

유치원 선생님이 아이를 한 명씩 방으로 데리고 들어가 마시멜로가 하나 담겨 있는 접시를 보여주고 '조건'을 이야기한 다음, 방에서 아이 혼자 기다리도록 했다. 그 조건이란, 언제든 원할 때 마시멜로를 먹을 수 있지만 선생님이 다시 돌아올 때까지 먹지 않으면 마시멜로를 하나 더 얻을 수 있다는 것이었다. 어떤 아이는 선생님이 나가기가 무섭게 그 자리에서 마시멜로를 먹어버렸다. 어떤 아이는 먹지 않으려고 나름 애썼지만 결국 참지 못하고 먹어버렸다. 또 어떤 아이들은 15분을 고스란히 기다려 마시멜로를 하나 더 받았다.

약간의 개인차는 존재하지만 네다섯 살 남짓 아이들은 간식을 먹기 전 평균 512.8초 동안 기다렸는데, 이는 9분이 채 안 되는 시간이다. 연구는 당시 〈유예됐지만 더욱 가치 있는 보상을 위한, 즉각적인 만족에 대한 유아원생들의 자주적自主的 유예에 관한 연구 및 그 이론적 틀〉이라는 길고 어려운 제목을 달고 발표됐다. 하지만 미셸 연구팀은 연구 결과가 발표되고 정말 오랜 시간이 흐른 뒤에야 생각하지 못했던 새로운 사실을 발견하게 된다.

연구자인 미셸의 딸들은 당시 실험을 진행한 유치원에 다니는 중이었다. 미셸의 딸들뿐 아니라 친구들이 마시멜로 테스트에 참여했던 것이다. 연구 결과를 정리해 발표한 뒤에도 미셸은 딸들에게 유치원 시절 친구들의 이야기를 꾸준히 듣게 됐다. 실험에서 마시멜로를 먹지 않고 기다렸던 아이들이 공부를 꽤 잘한다는 근황과 더불어 기다리지 못하고 바로 마시멜로를 먹어버렸던 친구 몇몇은 학교 안팎에서 문제를 일으킨다는 소식도 듣게 됐다. 미셸은 딸들이 들려주는 친구 소식을 듣다가, 당시 유치원생들의 마시멜로 테스트 결과와 그들의 행보 사이에 무언가 연관성이 있지 않을까 하는 생각에 이르렀다.

1982년, 미셸은 새로운 연구를 시작했다. 미셸 연구팀은 예전에 마시멜로 실험에 참여한 유치원생들의 부모와 교사들을 수소문해 연락이 닿은 이들에게 설문지를 보냈다. 설문 내용은 절제력과 연관성이 있을 것으로 보이는 온갖 종류의 행동 방식과 성격 특성에 관한 것이었으며, 학업 성취도를 비롯해 계획 능력과 사회성에 관한 것도 내용에 포함시켰다.

미셸 연구팀은 최초 설문 조사 시점을 기준으로 대략 10년에 한 번씩 다양한 내용으로 그들을 꾸준히 연구했다. 실험 참가자가 청소년이었을 때는 보호자에게 협조를 구했지만, 성인이 된 이후에는 직접 설문을 작성하도록 했다. 분석할 내용에는 직업과 결혼 여부, 재정 상태, 신체 및 정신 건강 상태 등도 포함됐다. 미셸의 연구에 참여했던 네다섯 살 아이들은 점점 자라 어느새 50대 성인이 됐다.

　네 살 무렵의 아이가 마시멜로를 눈앞에 두고 먹지 않고 기다리는 일은 분명 보통의 의지로는 쉽지 않았을 것이다. 미셸이 실험에 참가한 아이들의 삶의 궤적을 추적하며 오랫동안 연구한 결과, 절제력을 최대한 발휘해 15분을 끝까지 기다린 아이들이 그렇지 않았던 아이들에 비해 미국 대학수학능력시험SAT에서 더 높은 점수(평균 210점 높은 점수)를 받은 것으로 나타났다. 기다린 쪽은 사회성이 높고, 친구나 선생님들에게 인기 있는 사람으로 성장해 대인 관계도 좋았다. 또한 비만도 없었고 마약 남용 등의 문제를 일으킬 가능성도 더 낮은 것으로 추정됐다. 이후에 마시멜로 실험을 재현한 많은 연구에 따르면 '마시멜로 효과'는 지능지수 같은 인지능력을 측정하는 도구보다 더 예측력이 우수하며 인종이나 민족에 따른 차이도 없었다.

　○○　　5살 때 인내심이 평생을 좌우할까

　연구 결과에 담긴 의미는 너무도 간단명료하다. '기다릴 수 있는 힘, 인내심, 자기 통제력을 타고난 사람이 성공한 인생을 산다.' 마시멜로 효과는 어릴 때의 만족 지연 능력, 즉 인내심과 절제력이 어른이 된 이후 삶의 질을 결정한다는 식으로 요약·확산

됐다. 간단히 설명되는 덕분에 마시멜로 효과는 많은 강연자들과 자기계발서 저자들이 자주 인용하는 단골 메뉴가 되었으며, 다양한 경로를 통해 신조 아닌 신조를 만들어냈다.

마시멜로 효과 이야기가 나오면 내 주변 사람들은 대체로 자신은 나중에 받을 마시멜로를 기다리며 참고 노력하는 아이였을 거라며 호언장담(?)을 하곤 한다. 화살이 꽂힌 뒤 과녁을 그리는 '후견편파hindsight bias'의 전형이다. 네다섯 살 남짓 아이를 가진 부모들은 자기 아이의 운명이 원하지 않는 방향으로 결정될까 봐 마시멜로 실험 결과에 전전긍긍한다. 아이의 실망스러운 면을 알게 될까 두려워 실험을 시켜보지 못하겠다는 부모도 있다. 그러면서도 내심 내 아이는 실험을 시작하자마자 마시멜로를 집어먹는 아이는 절대 아닐 것이라 애써 믿는다.

그러나 자세히 뜯어보면 마시멜로 실험 결과에는 '다섯 살 때 인내심이 평생을 좌우한다'거나 '인내심과 절제력은 타고난다'는 설명은 단 한 줄도 없다. 그럼에도 결과를 해석하는 과정에서 너무 많은 편견과 오해가 생겼다. 이쯤 되면 연구 결과에서 알 수 있는 마시멜로 효과 자체보다 거기에 '인과관계'와 '의미'를 부여해 퍼져나가는 '마시멜로 파급효과'가 훨씬 더 큰 것 아닌가 하는 생각이 든다. 마시멜로 효과는 보여주는 결과보다 들려주는 성과가 더 강력한, 꿈보다 해몽이 좋은 전형적 사례다.

○○　　　기다릴 수 있는 아이와 기다릴 수 없는 아이

마시멜로 실험을 변주한 연구들도 쏟아져 나왔다. 그중에는 마시멜로를 눈앞에 두고 기다릴 수 있는 아이와 기다릴 수 없는 아이를 만드는 요소는 무엇인지를 찾아보려는 실험도 있었다.

미국 로체스터대학교의 인지과학자 셀레스츠 키드^{Celests Kidd} 연구팀은 세 살에서 다섯 살 무렵의 아이 28명에게 컵을 꾸미는 미술 활동을 할 예정이라고 설명한 뒤 크레파스가 놓인 책상에 앉게 했다. 그러고는 조금만 기다리면 책상에 놓인 크레파스 외에 색종이와 찰흙을 줄 테니 기다리라고 했다. 몇 분 뒤 14명의 아이들에게는 색종이와 찰흙을 주었고, 나머지 14명의 아이들에게는 색종이와 찰흙이 없다며 제공하지 않았다. 크레파스 이외의 미술 재료를 받은 아이들은 신뢰 환경을 경험하고, 받지 못한 아이들은 비신뢰 환경을 경험하도록 실험을 조작한 것이다.

이 두 그룹의 아이들에게 뒤이어 마시멜로 실험을 실시했다. 실험 결과, 신뢰 환경을 경험한 아이들은 무려 평균 12분을 넘게 기다렸고, 14명 중 9명의 아이가 다시 선생님이 나타날 때까지 마시멜로를 먹지 않는 모습을 보였다. 반면 비신뢰 환경을 경험한 아이들은 평균 3분을 기다렸고, 끝까지 기다리고 먹지 않은 아이는 단 1명뿐이었다. 선생님의 행동을 믿을 수 있다는 경험이, 평생 성공적인 삶을 살지 아닐지를 알 수 있다는 마시멜로 실험을 노련하게 통과하도록 도운 것이다. 즉, 어린아이 스스로 통제력과 절제력을 발휘해 무려 15분 넘게 마시멜로를 먹지 않고 기다리도록 하는 데 어른과 사회의 지지와 신뢰가 커다란 영향을 미친 셈이다.

○○　　우리가 잘 몰랐던 마시멜로 후속 실험

마시멜로 실험을 했던 미셸 연구팀도 이후 여러 가지 환경을 조작해 다양한 후속 실험을 실시했다. 후속 실험에서는 실험의 다른 조건들은 모두 동일하게 한 뒤, 테이블 위의 마시멜로를 한 그룹의 아이들에게는 눈앞에 보이도록 두고 다른 그룹의 아이들에게는 눈에 보이지 않도록 덮개로 덮어두었다. 또 다른 실험에서는 어떤 그룹에는 기다리는 동안 재미있는 생각을 하라고 지시하고, 다른 그룹에는 나중에 받을 두 개의 마시멜로를 생각하라고 지시하기도 했다.

마시멜로 후속 실험 방법은 1960년대에 처음 실시한 마시멜로 실험에서 참고 기다리는 동안 아이들이 하던 여러 가지 행동에서 착안했다. 가장 오래 기다린 아이는 눈을 가리거나 머리를 팔에 대고 엎드려 있었다. 어떤 아이는 식탁에서 등을 돌렸다. 또 노래를 부르거나, 손장난을 치거나, 식탁 밑으로 기어들어가거나,

잠을 청하는 아이도 있었다.

후속 실험 결과는 놀라웠다. 마시멜로를 그대로 올려둔 조건에서는 평균 6분 정도를 기다렸지만, 덮개로 덮어두자 11분 넘게 기다렸다. 재미있는 생각을 하라고 지시받은 아이들은 평균 13분 정도를 기다렸고, 기다린 다음에 받을 두 개의 마시멜로를 생각하라고 지시받은 아이들은 4분이 채 지나지 않았을 때 마시멜로를 먹어버렸다. 이는 15분이라는 긴 시간을 참게 한 인내심이 타고난 능력이라기보다, 주위를 분산시키기 위해 다른 것에 집중해야 한다는 것을 '아느냐, 모르느냐' 또는 '터득했느냐, 그렇지 않느냐'에 따라 달라진다는 의미였다.

○○　심리실험이 과학적이어야 하는 이유

한 연구소에서 명문대학교에 진학한 학생들의 학업 성적을 조사했더니 농어촌 지역 출신 학생들의 성적이 도시 출신 학생들에 비해 월등히 높았다는 연구 결과를 발표했다고 해보자. 아마도 이 조사 결과를 접한 사람들은 마치 결과를 예상이라도 했다는 듯 사교육 없는 환경에서도 명문대에 진학할 만큼 영리한 학생들이니 대학 공부 역시 주체적으로 잘했을 거라고 이야기할 가능성이 높다. 시골에서 건강하게 자랐기 때문에 체력까지 받쳐줬으리란

말도 덧붙였을 테고.

하지만 만약 며칠 후에 해당 연구소에서 데이터 분석에 오류가 있었고, 결과를 재분석해보니 도시 출신 학생들의 학업 성적이 훨씬 높았다고 정정 발표를 한다면 어떻게 될까? 사람들은 이 결과 또한 예상했다는 듯 역시 도시 출신 학생들이 사교육 덕에 기초가 튼튼해서 대학에서도 높은 성적을 받은 것 아니겠냐고 이야기할 것이다. 종전의 결과가 좀 이상하긴 했다는 말과 함께.

위 연구가 실제로 진행되었다면, 연구 결과를 통해 우리가 알 수 있는 것은 무엇이고 알 수 없는 것은 무엇일까. 연구는 학생들의 출신 지역에 따른 학업 성적을 비교·조사했다. '출신 지역에 따라 학업 성적이 달리 나왔다'는 것이 내용의 전부다. 출신 지역에 따라 학업 성적이 다르게 나온 '이유'가 무엇인지 이 연구로는 알 수 없다. 즉, 출신 지역의 차이 때문에 성적에 차이가 있다는 인과관계는 성립할 수 없다는 의미다.

미 육군에서 오토바이 사고와 연관성이 높을 것으로 예상되는 여러 요인들과의 상관관계를 알아보았다. 조사 대상자의 성별, 나이, 사회경제적 수준 등 여러 요인들을 조사했다. 그 결과 가장 상관관계가 높게 나온 요인은 다름 아닌 오토바이 운전자 몸에 새겨진 문신의 크기였다. 문신의 크기가 클수록 오토바이 사고율이 높더라는 것이다. 그렇다면 문신의 크기가 사고의 원인이라고 이해할 수 있을까? 이런 식의 인과관계를 믿는 사람은 아마 없을 것이다.

우리는 어떤 연구 결과를 접하면 쉽사리 인과관계를 말하고
싶어 한다. 그래서 다섯 살 아이가 보였던 인내심이 마치 사회적
성공의 원인이 되는 것처럼 이해했다. 상관관계에 관한 연구 결과
를 두고 인과적 결론을 내리는 것은 무척 위험한 일이다. 상관관
계에 관한 연구는 인과관계의 단초 역할을 할 뿐, 인과관계 자체
를 밝히는 연구가 아니다.

내 아이를 대상으로 마시멜로 실험을 했다고 가정하자. 방문
을 닫자마자 마시멜로를 먹어버렸다고 해서, 아이가 충동적인 성
향을 타고났다거나 커서 범죄자가 될 수 있다며 낙담하는 것은 정
말로 어리석고 섣부른 판단이지 않겠는가? 마시멜로 실험의 후속
연구들이 보여주듯 아이가 15분을 참아내도록 돕는 요인들은 다
양하다. 무엇보다 성인이 되어 사회적 성공에 영향을 미칠 수 있
는 요소들은 이루 다 열거할 수도 없이 많다.

심리실험이 갖는 과학적 특성을 제대로 이해하지 못하면 과
학적이지 못한 판단을 내릴 수 있다. 심리실험을 과학적이게 만드
는 토대는 의심하는 자세, 바로 비판적 사고다. 심리학 연구의 가
설과 결론이 실험을 통해 몇 번이고 지지받았다 하더라도, 그 결
과가 인간의 마음에 관해 어떤 정보를 주는지 또는 우리 삶에 어
떤 도움을 주는지는 결코 단정 지어 말할 수 없다.

나는 아마도 마시멜로 테스트를 통과하지 못한 아이였을 거

다. 기다리지 못해놓고 그 사실을 민망해하기보다 유치한 변명을 늘어놓는 아이는 아니었을까. 그래도 지금의 나는, 내가 나의 부족함을 부정하지 않고 있는 그대로 바라볼 수 있는 사람인 것이 그나마 다행이라 생각한다.

인간이 가진 특성이 타고난 것인지 길러지는 것인지에 관한 논쟁의 문제점은 유전과 학습의 기여를 인위적으로 구분한다는 데 있다. 이 논쟁은 '애초부터 답은 둘 중 하나여야만 하며 정해져 있다'는 잘못된 인상을 준다. 학습하는 능력 그 자체도 유전과 학습, 두 가지 모두의 산물이다. 인간의 능력을 결정하는 데 유전자의 역할이 큼을 밝힌 연구도 많지만, 학습과 경험이 무척 중요하다는 연구 결과도 매우 많다.

캐나다 심리학자 도널드 헵Donald Hebb은 이런 말을 했다. "'행동을 결정하는 데 어떤 것이 더 중요할까? 유전인가, 환경인가?'라고 묻는 것은 '직사각형의 넓이를 결정하는 데 무엇이 더 중요할까? 가로의 길이인가, 세로의 길이인가?'라고 묻는 것과 같다." 나는 도널드 헵의 이 말을 참 좋아한다.

63빌딩과 어머니 은혜

이타적 거짓말은 언제, 어떻게 배우나

○○

이타적 거짓말이 가능하려면, 상대의 감정과 기분을 고려해 자신의
감정과 생각을 통제하고 상황에 알맞은 반응을 할 줄 알아야 한다.
상대가 상처받지 않기를 바란다는 점에서
자기 자신의 이익에만 골몰하는 이기적 거짓말과는 다르다.

"고은아, 이 세상에서 제일 높은 게 뭐야?"

잠시 생각하다가 나는 아주 큰 목소리로 자신 있게 말했다.

"63빌딩!"

엄마가 이번에는 오빠에게 물었다.

오빠는 특유의 미소를 머금은 얼굴로 자신감 있게 대답했다.

"어머니 은혜."

순간 나는 뭔가 엄청나게 불리한 상황에 처했음을 느꼈다.

따뜻한 봄날이었다. 나는 아직 학교를 다니지 않던 여섯 살이었다. 식탁에서 콩나물을 다듬던 엄마는 '세상에서 가장 높은 것'이 무엇인지 호기심을 가득 품은 눈빛으로 물어보셨다. 나는 얼마 전에 다녀온 서울의 63빌딩을 떠올렸다. 한국에서 가장 높은 빌딩이라는 설명을 들으며 그 충격적인 느낌까지 마음에 담아 두었던 곳. 여섯 살 꼬마 머릿속의 63빌딩은 엄마의 묘한 표정과 오빠의 의기양양한 목소리에 결국 와르르 무너져 내렸다.

오빠는 참 비범한 사람임이 분명하다. 그 어린 나이에 세상에서 가장 높은 것을 '어머니 은혜'라고 대답할 수 있는 영악함(?)이라니. 그날은 내가 태어나서 '난처한' 느낌이 무엇인지를 가장 정확하게 배운 최초의 날이었다.

◯◯ 자랄수록 정교하고 자연스러워진다

세상에서 가장 높은 것이 63빌딩이라는 것도, 어머니 은혜라는 것도 모두 정확한 답은 아니다. 질문하는 사람이 대답하는 사람에게 상황에 맞는 주관식 답안을 요구하는 것일 뿐 세상에서 가장 높은 것이 무엇이냐는 질문 자체가 난센스이기 때문이다.

우리는 일상에서 숱한 거짓말을 하면서 산다. 거짓은 아니지만 진실도 아닌, 진실은 아니지만 그렇다고 거짓은 또 아닌, 애매모호한 대답들을 자연스럽게 한다. 썩 마음에 들지 않아도 정말 마음에 든다고 하고, 버겁고 힘들지만 괜찮다고 말한다. 예쁜지, 맛있는지, 어울리는지 물어보는 상대에게는 질문의 의도를 고려해 예쁘다고, 맛있다고, 잘 어울린다고 대답해준다. 듣는 사람이 기분이 좋으면 대답한 나도 기분이 좋다.

'이타적 거짓말'은 무척 자연스러운 대화 방법이다. 언제 배운 건지도 잘 모르지만 우리는 감정을 통제하고 상대를 위해 적당한 거짓말을 하며 산다. 이타적 거짓말이 관계를 이어주는 윤활유

구실을 한다는 점을 잘 알기 때문이다.

여덟 살짜리 어린아이가 처음부터 할 줄 알았을 리는 없고, 처음부터 능숙했을 리도 없는 이타적 거짓말. 나는 못했고 오빠는 할 줄 알았던 이타적 거짓말은 분명 학습된 것일 테다. 대체 언제, 어떻게 배우는 것일까.

이타적 거짓말이 가능하려면, 상대의 감정과 기분을 고려해 자신의 감정과 생각을 통제하고 상황에 알맞은 반응을 할 줄 알아야 한다. 상대가 상처받지 않기를 바란다는 점에서 자기 자신의 이익에만 골몰하는 이기적 거짓말과는 다르다. 이타적 거짓말은 사회적 능력, 이타적 성향, 그리고 도덕적 기준이 적절히 조화된 능력이다. 타고난 지능과 사회적 학습이 낳은 결과인 것이다.

아이의 이타적 거짓말이 어떻게 발달하는지, 즉 아이의 거짓말을 이기적인 것에서 이타적인 것으로 변하게 하는 요인이 무엇인지 알아보기 위해 토론토대학교의 캉 리Kang Lee 연구진은 아이가 하는 거짓말의 동기를 분석했다.[12] 아이의 이타적 거짓말을 확인하기 위해 만 7세에서 11세 아동 120명을 대상으로 '실망스러운 선물 과제'라는 실험을 진행했다.[13] 마음에 들지 않는 선물을 받았을 때 아이가 어떻게 반응하는지를 알아보는 실험이었다.

선생님은 아이에게 선물을 준다면서, 겉모습이 화려하고 크기는 매우 큰 선물 상자를 건넨다. 안에는 포장과 상자 크기에 비해 무척 보잘것없고 누가 봐도 실망할 만한 선물이 들어 있다. 예컨대 양말 한 짝이나 쓰다 만 지우개 같은 물건이다. 기대에 부푼 마음으로 선물을 열어본 아이들은 예상대로 크게 실망한다. 그런데 그중에 선물이 마음에 든다고 말을 하는 아이가 있었다. 이런 아이들을 대상으로 선물이 마음에 든다고 대답한 이유를 물어 기록했다.

"선물을 주신 선생님이 내가 마음에 들지 않는다고 말하면 화를 낼까봐 그랬어요" 같은 대답은 자기보호적인 거짓말에 속한다. 거짓말을 한 7세의 아이 대부분이 이렇게 대답했다. 반면에 거짓말을 한 8살 이상의 아이들은 "선물을 주신 선생님이 마음 아파 하실까봐 그랬어요" 같은 대답을 했다. 타인지향적인 거짓말, 즉 이타적 거짓말을 한 것이다. 아이는 점점 나이가 많아질수록 이타적 거짓말을 하게 되는 것으로 보였다. 더불어 연구는 아이가 자랄수록 이타적 거짓말이 정교해지고 자연스러워진다고 밝힌다.

아이는 나이만 많아지거나 키만 자라는 것이 아니었다. 학년이 올라갈수록 읽기나 산수 실력이 향상되듯이 시간이 흐를수록 친구도 늘어나고, 새로운 사람들을 만나면서 사회성도 함께 세련돼졌고 능숙해졌다. 어린이의 학습능력과 인지능력, 사회성이 연령에 비례해 높아진다는 것은 이런 데서도 확인할 수 있다.

실제로 많은 아이가 가족이나 친지, 또래 집단 안에서 상호작용을 통해 인지능력과 사회성을 두루 발달시킨다. 아이가 자라며 축적한 경험과 시간이 인지적·사회적 자산이 되는 것이다. 아이에게 이런 자산은 이타적 거짓말 같은 사회적 언어가 가능하게 하는 요인으로 작용한다. 그러나 최근 연구는 '이타적 거짓말은 연령의 영향을 받는다, 즉 연령이 높아질수록 이타적 거짓말을 더 잘한다'는 내용과는 조금 다른 이야기를 풀어놓는다.

○○　이타적 거짓말을 가능하게 하는
　가장 중요한 요소

아동의 이타적 거짓말에 영향을 미치는 요소들을 알아보기 위해 국내 연구진은 이타적 거짓말 능력과 연령 외에 두 가지 다른 능력을 측정했다.[14] 첫 번째로 측정한 것은 공감능력이었다. 공감능력은 다른 사람의 마음을 이해하고 다른 사람과 같은 정서를 느낄 줄 아는 능력을 말한다.[15] 다른 사람의 마음과 기분을 이해해 그 사람을 배려하는 말이나 행동을 하도록 만드는 능력인 것이다. 아동에게 공감능력이 있다는 것은 다른 사람의 마음을 헤아릴 줄 안다는 것과 같다.

실험에 참가한 5세와 6세의 아이 83명에게 기쁨, 슬픔, 공포, 분노의 정서가 담긴 상황을 이야기로 들려준 뒤, 이야기 속 주인공이 어떤 기분을 느꼈을지 묻고 그 기분과 일치하는 얼굴 표정을 선택하도록 했다. 아이가 상황을 듣고 주인공의 기분을 이해하는지, 또 그 기분과 일치하는 표정을 정확히 아는지를 기준으로 공감능력 점수를 측정한 것이다. 측정 결과 5세와 6세 사이에 공감능력 평균 점수는 차이가 거의 없었다. 연령이 높다고 공감능력에서 높은 점수를 얻는 것은 아니라는 뜻이다.

다음으로 측정한 능력은 조망수용 능력이다. 조망수용 능력은 자기만의 관점에서 벗어나 다른 사람의 입장에서 생각하고 행동하는 능력이다.[16] 발달심리학자 장 피아제Jean William Fritz Piaget는 만 3세에서 5세 정도의 미취학 아동기에 해당하는 아이들은 자기중심적egocentric이라고 했다. 다른 사람의 입장에서 대상을 보고 생각하는 데 어려움이 있다는 것이다. 이 시기 아이들은 들고 있는 그림을 친구에게 보여주라고 하면 그림의 방향을 자신에게 향하게 하고 보여준다. 다른 사람의 입장을 고려할 줄 아는 능력이 발달하기 전에 흔히 나타날 수 있는 모습이다.

피아제는 아동의 연령이 증가하면 자기중심성에서 벗어나 다른 사람의 관점을 수용할 수 있게 된다고 했지만, 인간의 발달과 성장을 연구하는 최근의 심리학 연구들은 더 어린 연령의 아동들도 타인의 마음을 이해할 수 있음을 속속 밝혀내고 있다.[17]

조망수용 능력 측정은 공감능력을 측정할 때와 마찬가지로 아이에게 이야기를 들려주고 대답을 통해 채점하는 방식으로 진행됐다. 상황을 이해하는 것뿐 아니라 그 상황에 등장하는 사람들

각각의 입장을 아이가 정확히 알고 대답할 수 있는지에 따라 점수를 매긴 것이다. 아이에게는 '친구들과 야구를 하던 남자아이가 유리창을 깨뜨리고 집으로 도망을 와 있는데 문을 두드리는 소리에 깜짝 놀란다. 그때 엄마는 아이가 놀라는 것을 보고 왜 놀라는지 궁금한 얼굴을 하고 있다' 등의 이야기를 들려주었다. 이야기를 들려준 뒤 아이에게 "남자아이는 왜 놀라고 있니?"와 "어머니는 남자아이가 왜 놀란다고 생각할까?"를 질문하고 대답을 기록하는 방식이었다.

다소 난이도가 높은 질문이었기에 연령별 차이가 클 것으로 생각했으나, 예상과 달리 특정 상황을 이해하고 그 상황에 놓인 주인공의 입장을 헤아리는 능력에는 차이가 거의 나타나지 않았다. 5세 아이 중에도 남자아이와 엄마의 입장을 정확히 이해하는 아동이 많았고, 6세여도 이야기 속 주인공들의 입장을 이해하지 못하는 아이가 있었다. 조망수용 능력도 공감능력처럼 연령이 높아진다고 함께 높아지는 것은 아니었다.

마지막으로 아이들을 대상으로 이타적 거짓말 능력을 측정했다. 공감능력과 조망수용 능력을 측정할 때처럼 이야기 과제를 활용했다. 맛없는 빵을 주신 아주머니가 맛이 어떠냐고 물어보는 상황, 어울리지 않는 안경을 끼고 온 친구가 안경이 잘 어울리는지 묻는 상황, 마음에 들지 않는 선물을 주시는 아빠가 선물이 마음에 드는지 묻는 상황을 들려주었다. 각 상황에서 거짓으로 '맛

있다 또는 어울린다 또는 마음에 든다'고 대답한 아이에게 이유를 다시 물었다. 그중 상대가 마음 아플까 봐 그랬다고 응답한 아동은 이타적 거짓말 능력이 높다고 판단했다.

연구 결과 공감능력과 조망수용 능력이 높은 아이가 이타적 거짓말 능력도 높았다. 공감능력이 좋을수록 이타적 거짓말을 잘하고, 조망수용 능력이 우수할수록 이타적 거짓말 능력이 뛰어난 것으로 나타난 것이다.

또한 아이의 연령, 공감능력, 조망수용 능력 중 이타적 거짓말 능력에 가장 큰 영향을 미치는 요인은 조망수용 능력이었다. 조망수용 능력이야말로 이타적 거짓말을 가능하게 하는 가장 중요한 능력인 것이다.

○○ 거짓말 아닌 거짓말

나이를 한 살 한 살 먹는 것은 몸이 자라는 일, 공감능력이 생기는 것은 마음이 자라는 일, 조망수용 능력이 생기는 것은 인지능력이 성장하는 일이 아닐까 생각해본다. 이타적 거짓말이라는 사회적 행동을 할 수 있기까지는 몸도 마음도, 또 인지능력도 성장해야 한다. 그런데 그중에서도 다른 사람의 처지를 고려할 줄 아는 인지능력을 키우는 일이야말로 이타적 거짓말 같은 친사회적 행동을 가능하게 하는 길임을 연구 결과는 말하고 있다.

이익을 목적으로 한 거짓이라기엔 너무도 진솔하고 자발적인, 이타적 거짓말을 '거짓말'로 불러도 될까? 아이는 자라면서 사회로부터 거짓말을 하는 기술이 아니라 타인의 마음을 헤아리는 배려심과 상황을 슬기롭게 넘기는 지혜를 배운다. 아이의 이타적 거짓말은 상대방이 속상하면 나도 속상하기 때문에 하는 대답, 상대방이 기쁘면 나도 기쁘기에 기꺼이 표출하는 진심인 것이다. 이타적 거짓말은 결국 '내'가 듣고 싶은 상대의 대답, 곧 내가 받고 싶은 상대의 따뜻한 마음이다. '이타적 거짓말'이라 하지 말고 차라리 '사회적 진심'이라 하는 건 어떨까?

지금 생각하면 오빠는 엄마의 마음을 헤아릴 줄 아는 영특한 아이였다. 25년 전 봄으로 돌아갈 수는 없지만, 엄마가 혹시 옛날 그 질문을 내게 다시 던지신다면 이렇게 대답하고 싶다.

"엄마, 이 세상에서 제일 높은 건 엄마가 저를 사랑해주시는 마음이에요. 그 어떤 것과도 비교할 수 없어요."

인간이 운명에 의지하는 이유

확증편향과 착각상관에 빠진 마음

○○

미신에 힘을 빌리러 온 사람의 마음에 희망과 행복이 가득할 리 없다.
점을 보러 온 사람의 뇌가 이미 부정적인 예측에
사로잡혀 있다는 의미다.
사람들은 자신의 사주가 나빠 절망한다기보다
스스로 이미 절망했기 때문에 자기 삶을 불운한 것으로 받아들인다.

엄마의 예상은 언제나 빗나갔다. 딸은 예상했던 나이에 결혼을 못했고 예상했던 시기에 사회적으로 성공하지도 못했다. 그럼에도 결코 부정적으로 생각하시지는 않는다. 안 그런 척하시면서 엄마는 한번씩 역술가를 찾아가 운세를 보시는 것 같았다. 당신의, 그러니까 엄마의 운세를 보는 게 아니라 예상보다 늦고, 예상보다 안 풀리는 딸의 운세, 바로 내 운세를 보신다.

얼마 전, 전화기 너머 들리는 엄마 목소리가 밝았다.

"마음만 먹으면 결혼도 성공도 문제없대. 열심히 하는 사람이라 운은 따르게 되어있다고 걱정 안 해도 된다네."

그런 말은 나도 할 수 있겠다 싶었지만 엄마의 마음에 찬물을 끼얹고 싶진 않았다.

"그래서 결혼을 하기는 한대요?"

내가 웃으며 물었다.

"좋은 사람이 나타난대. 걱정 안 해도 된대."

걱정 안 해도 된다는 이야기야말로 그냥 해주는 말일 수 있건만 엄마는 그 조언에 힘을 얻으신 모양이었다.

역술가는 미래를 예언했다기보다 엄마의 마음을 읽어준 것으로 보인다. 자식이 인생을 잘 살아내길 바라고 믿는 엄마에게 역술가는 위로를 건넸고, 엄마는 크게 위안을 받으신 것이다. 운명은 언제나 믿는 사람에게 힘을 발휘하는 법이다.

우리나라 점술 산업에는 불황이 없다. 점술 산업 종사자만 대략 45만 명이 넘고, 산업 규모가 4조 원에 이른다고 한다. 찾는 사람이 그만큼 많으니, 산업이 그 규모를 유지하는 것일 터. 비과학이라는 비판과 비난에도 그토록 많은 사람이 변함없이 찾는다는 건 분명 그만한 이유가 있어서 아닐까.

안전한 미래를 바라는 건 인간의 당연한 마음이다. 세상이 버겁고 앞날이 막막한 인간에게 이만한 위로도 없지 않을까. 사주나 점괘 같은 역술을 비과학이라 비판할 수는 있어도, 운명을 믿고 싶은 마음까지 비난해선 안 될 것 같다. 역술가를 찾는 엄마의 마음을 내가 이해할 수 있는 것처럼 말이다.

○○　　불운을 측정한 데이터

걸핏하면 자기는 운이 나쁘다며 자주 한숨을 쉬는 후배가 있었다. 이유는 단순했다. 한 번도 자기가 타려는 층에 엘리베이터가 서 있던 적이 없었단다. 그래서 매번 버튼을 눌러놓고 기다려야 한다나 뭐라나. '야, 그 별것 아닌 일로 무슨 운을 운운하냐'는 말이 목구멍까지 올라왔지만, 차마 내뱉지는 못했다. 그냥 우스갯소리로 듣고 넘기기엔 후배가 너무 진지하게 괴로운 표정을 지었기 때문이다.

오지랖은 이럴 때 쓰라고 배웠다. 후배의 마음을 바꾸려면 운이 나쁜 사람이 아님을 데이터로 증명해 보이는 수밖에 없었다. 나는 후배에게 주문했다. 엘리베이터를 타야 할 때마다 타려는 층에 엘리베이터가 있는지 없는지를 빠짐없이 기록해보라고. 길게도 말고 딱 한 달만 해보자고 했다. 고맙게도 그 녀석은 내 말대로 꼼꼼히 기록해 데이터를 축적했다.

후배가 운이 나쁜 사람이 결코 아니라는 건 한 달만에 증명됐다. 엘리베이터가 타려는 층에 대기하고 있을 때와 없을 때의 데이터를 비교해보았더니, 수적으로 차이가 거의 없었다. 통계적으로 분석해보아도 둘의 차이는 유의하지 않았다. 데이터가 늘어날수록 그 차이는 더욱 미미해질 것으로 보였다.

후배는 왜 매번 엘리베이터가 타려는 층에 없었다고 주장했을까. 아마도 후배는 확증편향confirmation bias에 사로잡혀 있었을 가능성이 크다. 자신의 신념과 일치하는 정보는 받아들이고 일치하지 않는 정보는 무시하게 되는 마음이 확증편향이다. 운이 나쁘다는 확증편향에 빠져 있던 후배는 그 생각을 증명하는 사건만 기억했을 것이다. 엘리베이터가 타려는 층에 있던 때는 기억 못하고 다른 층에 있어 짜증스러웠던 날만 후배의 마음에 남아 있었을 뿐 운이 나빠서가 아니다.

"겨우 엘리베이터 정도에 너의 소중한 마음이 휘둘려서야 쓰겠느냐, 이런 나를 만나 너는 운이 정말 좋지 아니하냐" 물었건만 후배는 별말 없이 웃기만 했다. 나를 참 희한한 사람이라 생각했겠지. 아무렴 어떤가, 내 오지랖이 후배의 마음을 조금이라도 편하게 만들었다면 그것으로 족하다. 사실은 후배의 엘리베이터 데이터 분석이 내가 예상하는 결과와 다르게 나올까 봐 얼마나 쫄았는지 모른다. 행여나 "보세요, 운이 나쁘잖아요!"라고 말할 만한 일이 벌어졌으면 어쩔 뻔했을까. 지금 생각해도 '다행이다' 소리가 절로 나온다.

반면 "저는 먹을 복이 엄청 많은 것 같아요. 저한테 밥 사주는 사람이 많아요"라며 사람들과 함께 식사할 때마다 즐거워하는 다른 후배에게는 굳이 횟수를 기록해보라고 권하지 않는다. 늘 즐거워하는 그 마음이 언제나 삶에 길한 운을 불러오길 나도 바란다.

◦◦　필요 이상의 불안과 섣부른 낙심

삶에서 마주치는 일들을 '우연'이라고 생각하기란 쉽지 않다. 자다가 문득 눈을 떴을 때 시계를 보니 새벽 4시 44분이었던 날, 출근길 버스 정류장으로 내달렸으나 눈앞에서 버스를 놓치고 말았다면 마음은 두 사건을 연결 짓는다. 새벽에 눈을 떴는데 하필 4시 44분이더니 아침부터 운이 나쁘다고 생각하기 일쑤다.

　남이 들으면 웃을 일이지만 내 일이 되면 웃을 수 없어진다. 얼마나 진지하고 심각한지 모른다. 이럴 때 마음은 착각상관illusory correlation에 빠진 것이다. 핸드백에 작은 우산을 늘 잘 챙겨 다녔는데 어쩌다 우산을 챙기지 않은 날엔 꼭 소나기를 만난다. 민낯으로 집 앞 마트에 간 날에는 약속이나 한 듯 내 수업을 듣는 학생과 마주치게 된다. 우산을 챙기지 않은 일과 소나기가 내리는 일은 아무런 상관이 없다. 그냥 우연이다. 내가 민낯으로 외출한 사건과 학생을 마주친 일 또한 연관성 없다. 그럼에도 이상하게 꼭 예견된 일이라 믿고 싶어진다. 착각상관에 빠진 마음은 있지도 않은 상관관계를 만들고, 희박한 연관성도 긴밀한 연관성으로 해석해 낸다.

　스탠퍼드대학교 심리학 교수였던 아모스 트버스키Amos Tversky는 인간이 가진 착각상관을 밝히는 흥미로운 연구를 했다.[18] 사람들이 일말의 의심 없이 믿는 상관관계 중 하나가 바로 흐린 날씨와 허리 통증, 즉 날씨와 만성적 통증 사이의 연관성이다. '고질병이 되어 이제는 날만 흐리면 아프다, 무릎이 아픈 거 보니 내일 비가 오겠다' 같은 말은 비 오기 전날 우리가 흔히 듣거나 하는 레퍼

토리다.

트버스키 교수는 관절염 환자를 대상으로 15개월 동안 날씨 상태와 그들의 통증 기록을 대조·분석했다. 결과는 실제 상관관계가 0에 가까운 것으로, 즉 날씨와 통증은 아무런 상관이 없는 것으로 밝혀졌다. 만성적 통증은 날씨와 직접적인 상관이 없었다. 그럼에도 연구에 참여한 거의 모든 환자가 날씨와 자신의 통증이 아주 높은 상관관계가 있다고 줄기차게 주장했으며, 심지어는 객관적 데이터를 보여줘도 연구가 잘못되었을 것이라고까지 말했다.

애초에 관련이 없는 사건들을 연결하려는 인간의 의지와 능력은 정말 탁월하다. 자신의 신념이 일치하는 방향의 정보만 받아들이고 기억하게 되면, 또 다른 가능성이 있지는 않을까 하는 합리적 의심은 필요 없어져버린다. 그런 것들은 물거품이 되어 사라지고, 우리는 결국 우리가 믿는 것만 계속 믿으려 한다.

우리 마음이 자꾸만 상관관계를 만들어내고 있지도 않은 연관성을 지어내는 건, 그런 행위가 내 주변에서 일어나는 일들을 간편하게 이해하도록 돕기 때문이다. 우연으로 가득한 세상은 인간의 인지능력에 비해 너무 복잡하고 어렵다. 게다가 세상은 인간 능력 밖의 위험한 일들로 넘쳐 난다. 우리의 마음은 우리가 겪은 일의 연관성을 이해해 삶을 미리 예측하거나 위험에 대비하기를 원했다. 이런 마음의 작용은 아주 오래 전부터 환경에 적응하기 위해 장착된 것이라 할 수 있다. 덕분에 우리는 우연한 일에 특별함을 부여하거나 불안정한 환경에서도 안정감을 얻을 수 있었지만, 필요 이상으로 불안해하거나 섣불리 낙심해버리는 마음도 갖게 됐다.

○○   운이 좋은 사람들의 공통점

영국의 심리학자 코델리아 파인Cordelia Fine은 심리 상담을 할 때 자주 활용되는 로르샤흐검사Rorschach Test의 사례연구보고서를 정신분석가들에게 읽혔다.[19] 로르샤흐검사는 스위스 정신과 의사 헤르만 로르샤흐Hermann Rorschach가 1921년에 개발한 성격검사 도구다. 좌우 대칭의 잉크 얼룩이 찍힌 10장의 카드로 이루어져 있는데, 형태가 모호한 카드의 그림을 보여주면서 무엇처럼 보이는지, 무슨 생각이 나는지 등을 자유롭게 말하게 하고 이를 기반으로 성격을 해석하는 것이다.

파인이 정신분석가들에게 제공한 사례연구보고서는 실험을 위해 조작된 보고서였다. 첫 번째 그룹에 전해준 보고서에는 "동성애자인 내담자가 잉크 반점을 항문이나 엉덩이 등 성적인 문양으로 해석하는 경향이 있다"고 적혀 있었다. 실험 참가자인 숙련된 정신분석가들은 보고서를 읽더니 자신의 경험에 비춰보아도

동성애자들에게서 보고서에 적힌 내용과 비슷한 패턴이 나타난
다고 말했다.

파인은 또 다른 정신분석가 그룹에게는 "동성애자인 내담자
가 잉크 반점을 성적인 문양으로 해석하지 못한다"는 보고서를
제공했다. 마찬가지로 이 보고서를 읽은 정신분석가들은 자신의
경험으로도 동성애자들이 잉크 반점을 특별히 성적으로 해석하
는 일이 없었다고 이야기했다.

동성애자의 마음과 잉크 반점에 대한 해석 사이의 상관관계
가 명확하다면, 전문가들의 반응은 어느 쪽이 되었든 일관되게 나
왔어야 한다. 하지만 그렇지 않았다. 자료를 오로지 주관적으로
해석하고 적당한 연관성을 만들어냈기 때문에 이런 결과가 나온
것이다.

어떤 물건의 무게가 동일한 중력에서 10킬로그램이면서 동
시에 20킬로그램일 수 없듯이, 과학은 서로 모순되는 설명을 '참'
이라고 받아들이지 않는다.

사주나 점괘는 대개 '불운한 운명'을 먼저 강조하며 듣는 이
로 하여금 동감을 얻어낸다고 한다. 삶이 힘들지 않느냐, 지금 일
이 잘 안 풀리지 않느냐는 이야기를 하면 누구든 동의하지 않을
수가 없다. 이는 어찌 보면 당연하다. 미신에 힘을 빌리러 온 사람
의 마음에 희망과 행복이 가득할 리 없기 때문이다. 점을 보러 온
사람의 뇌가 이미 부정적인 예측에 사로잡혀 있다는 의미다. 사람

들은 자신의 사주가 나빠 절망한다기보다 스스로 이미 절망했기 때문에 자기 삶을 불운한 것으로 받아들인다. 삶과 운명을 긴밀하게 연관 짓는 것은, 운명이 삶을 지배한다고 믿기 때문이지 실제로 둘 사이에 연관성이 있기 때문이 아니다.

성공한 사람들에게는 특별한 공통점이 한 가지 있다. 그들은 언제나 자신이 운이 좋았다고 말한다. 운이 좋은 사람들을 살펴보면 유사한 특성이 있는데, 매사에 신중하고 들뜨지 않는다. 좋은 일과 나쁜 일을 대하는 태도가 비슷하다. 세상일을 긍정적으로 해석하는 편이다. 나쁜 일이 생겨도 시비를 가리지 않는다. 나쁜 일을 겪으면 지금 당장은 기분이 나쁘지만, 해결하겠다는 자세로 이내 돌아선다. 이미 벌어진 일인데 어쩌겠냐는 생각으로 담담하게 받아들이고 대안을 찾는 것이 이들의 기본적인 태도다. 역술가들에 의하면 이런 사람들은 점을 쳐보면 대체로 좋은 운수가 나온다고 한다.

반면 매사에 운이 나쁘다고 말하는 사람들은 어떤가? 고집이 말도 못하게 세다. 귀를 닫고 마음을 닫고 있어서다. 나쁜 상황을 변화시키려는 생각은 없이 주로 남 탓을 한다. 자신의 성장 배경이, 부모가, 환경이 나빴다고 말한다. 이런 사람들에게 스스로를 성찰할 힘이 있을 리 만무하다. 어떤 점괘가 나와도 나쁘게 해석하기에 당연히 운이 좋을 수가 없다. 점괘는 우리의 마음을 거울처럼 그대로 보여주기 때문이다.

○○   좋거나 나쁜 사주는 없다

사주팔자의 기본 배경이 되는 주역을 과학적으로 분석해보려 시도한 학자에 따르면, 좋거나 나쁜 사주는 존재하지 않는다고 한다. 인간은 필히 어딘가 부족하거나 넘치는 존재이기에 누구나 불완전하다는 것이다. 게다가 주역은 해석하는 사람의 주관적인 판단에 의지해야 하는 면이 많기 때문에 사주나 점괘가 들려주는 이야기를 어떻게 해석하고 받아들일지를 결정하는 건 전부 점을 보는 당사자의 몫이라는 말도 덧붙였다.

사주나 점괘의 원리가 나름 과학적이라고 주장하는 사람도 더러 있지만, 과학과는 거리가 멀어도 한참 멀다. 풀이하는 사람마다 내용이 달라지기 때문에 과학인지 아닌지를 결정하는 아주 중요한 요건 중 하나인 '검증 가능성'에 관한 잣대는 아예 들이대지도 못한다. 과학과 합리의 시선으로 들여다보자면, 사실 일고의 가치가 없다. 코에 걸면 코걸이 귀에 걸면 귀걸이다. 하지만 역술이 수천 년 동안 우리 삶에 깊숙이 자리 잡아왔다는 사실을 생각하면 무조건 폄하할 수만은 없다. 수천 년간 존재했다면 그 세월 자체가 '가치'라 해도 무방하다.

그나저나 내 앞날이야말로 역술가의 해석대로 순탄해야 할 텐데, 하고 중얼거리다 불현듯 엄마가 좀 수상하다는 생각이 머리를 스쳤다. 걱정 안 해도 된다는 말이, 걱정할 일 없도록 반드시 잘 지내야 한다는 주문처럼 들리기 시작했다. 게다가 결혼도 안 할 생각부터 미리하지 말고 말이지! 역술가에게 들었다며 전해준 말씀이 혹시 엄마가 그린 빅픽처는 아니었을까? 역시 용한 역술가는 멀리 있지 않은 법이다.

이것은 왜 모성이 아닌가

자기충족적 예언의 위험성

○○

양육은 엄연한 육체적, 정신적 노동이다.
노동이 힘든 것은 모성이 부족해서가 아니라 노동의 속성이
본래 힘든 것이기 때문이다.

"엇! 생각보다 무겁네? 팔 아파서 어떻게 안고 있었어요?"

아직 돌이 안 된 사촌오빠의 아기를 안아보다가 나도 모르게 이런 말이 입에서 튀어나왔다. 새언니가 번쩍번쩍 아기를 안아 올리는 모습을 보았던 터라 아기가 가벼운 줄로만 알았는데 생각보다 무거워서 놀란 것이다. 토끼 눈을 한 나를 보고 웃는 사람은 우리 엄마였다. 엄마는 웃으며, 이런 말씀을 덧붙이셨다.

"에미가 되면 할 수 있어. 엄마는 아기 안 무거워."

미국 터프츠대학교 심리학과 낼리니 앰배디Nalini Ambady 교수 팀은 독특한 실험을 했다.[20] 실험 참가자들에게 대중적으로 알려지지 않은 회사들의 최고경영자 얼굴 사진을 보여주고, 그들의 경영 능력이 어느 정도 될지 점수로 매겨보라고 했다. 사진만 보고 실제 능력이 어떨지를 예상해달라고 한 것이다. 연구 결과는 놀라웠다. 사진만으로 평가한 능력 점수와 회사의 실제 연 매출액 사이에 높은 상관관계가 나타났다. 외모만으로 평가한 실력 점수와 실제 능력 점수가 서로 연관이 있더라는 것이다. 연구팀은 실험 결과를 토대로 '외모로 판단하는 첫인상이 그 사람의 능력에 관해 상당한 예측력을 갖는다'고 주장했다. 우리가 사람을 외모만 보고 직관적으로 평가하는 것들이 근거 없는 판단만은 아니라는 것이다.

○○ '엄마가 되면' 정말 할 수 있을까

연구가 흥미로운 건 맞지만 결과를 조금 다른 방향으로 해석할 수도 있겠다는 생각이 들었다. 실험 참가자들이 점수를 매긴 기준은 무엇이었을까. 눈빛에 자신감이 있다거나 미소가 자연스럽다거나 인상이 너그러워 보인다거나 하는 기준들이었을 것이다. 이런 기준은 사실 능력 있고 사회적 지위가 높은 사람에게 갖는 우리의 기대 또는 선입견이다. 연구는 실제 최고경영자들의 사진을 실험 재료로 썼고 이들은 사회생활을 20년 넘게 해온, 실질적 실력을 갖춘 사람들이었다. 최고경영자들이 풍기는 사진 속 이미지는 이들이 긴 사회생활을 거치며 노력으로 만들어낸 결과물인 것이다. 사람들은 '최고경영자다운' 이미지가 강하게 풍기는 순서로 점수를 매겼을 테고, 이것이 바로 외모로 평가한 점수와 실제 능력 점수가 서로 높은 상관관계를 보인 이유는 아니었을까 생각한다.

그렇다면 높은 점수를 받은 최고경영자들은 '최고경영자다운' 이미지를 어떻게 갖게 되었을까. 우리 사회에서 통용되는 '사회적 지위가 높고 성공한 사람은 이럴 것이다' 하는 고정된 이미지가 있는데, 이는 선입견이면서도 사회적 기대에 해당한다. 사진에 담긴 최고경영자들은 성공한 사람을 향한 사회적 기대에 부응하기 위해 노력했을 것이고, 그런 노력은 다시 사람들에게 좋은 평가를 받도록 이끈다. 평가가 좋아지니 또 다시 사회적 기대에 따라 노력할 가능성이 높고, 점점 사람들의 '성공한 사람의 이미지'에 관한 선입견은 강화된다. 이런 현상을 자기충족적 예언self-fulfilling prophecy이라고 한다. 자기충족적 예언이란 자신이 생각한 대로 이끌어가는 신념, 노력하게 하는 마음가짐을 의미한다.

아기가 무겁다는 말에 보인 엄마의 반응은 내게 다소 충격이었다. 그리고 그 순간 내 머릿속에는 세상 모든 엄마들이 품고 있을 '자기충족적 예언'이 떠올랐다. '엄마에 관한, 특히 모성에 관한 사회적 기대와 고정관념.' 우리 뇌리에는 아이를 돌보면서도 힘든 줄 모르고, 아이가 미울 리는 절대 없고, 그 어떤 일보다 아이와 함께하는 시간이 행복한, 희생이 당연한 엄마가 박혀 있다. 우리 엄마가 하신 "에미가 되면 할 수 있어. 엄마는 아기 안 무거워"라는 말씀에는, 자고로 엄마라면 아기가 무겁다거나 아기 때문에 힘들다거나 하는 말을 해서는 안 된다는 의미가 동시에 담긴 것이다. 모성을 향한 사회적 기대 속에는 아기가 무거워 안기 힘들어하는 엄마의 모습은 없기 때문이다.

뇌는 자신이 하는 행동을 합리화하는 쪽으로 동기화된 기계다. 아이를 갖게 된 엄마는 자신의 노력과 고생을 합리화하기 위해 세상이 기대하는 엄마가 되려 애썼을 것이다. 또 엄마로서 겪는 고통을 당연하게 여기기 위해 스스로를 무던히 다독였을 것이다. 엄마다움이라는 사회적 편견에 더욱 엄마다워지려 노력했으니, 육체적으로 고통스러울 때마다 겪는 건 오히려 혼란스러움이지 않았을까. 그리고 속으로 되뇌었을 것이다. '남들은 하나도 안 힘들어 보이던데, 왜 나는 아이 키우는 게 이토록 버거운가', '나는 엄마가 될 자격이 없는 사람인가', '나는 모성이 없는 사람인가' 하고.

○○   본능으로서의 모성

다른 포유동물의 새끼에 비해 갓 태어난 아기는 엄청나게 나약하고 무능하다. 태어나 몇 시간 뒤에 초원을 껑충거리는 사슴이나, 태어나 몇 개월 안에 이 나무 저 나무를 옮겨 다니는 침팬지와 비교하면 인간 아기는 정말 유약하기 짝이 없다. 인간이 이러한 특성을 지니게 된 이유를 뒷받침하는 이론에는 여러 가지가 있지만, 그중 인류의 직립보행과 연관해 설명한 이론이 가장 그럴 듯

하다. 네 발로 기어 다니던 인류의 조상이 직립보행을 하게 되면서 인간 몸의 해부학적 구조가 달라졌고, 특히 여성의 경우 태아가 나오는 길인 산도가 좁아져 자궁 속에서 긴 시간 태아를 키울 수 없게 되었다는 이론이다.

아기가 어느 정도 사람 노릇을 하기까지 매우 긴 양육 기간을 거쳐야 한다. 특히 양육 기간이 언제부터 언제까지인지 무 자르듯 딱 정하기가 참 모호하다. 미숙한 상태의 아기는 24시간 곁에 붙어 보호해야 한다. 어린이집 같은 사회 시설에 맡길 수 있을 만큼 아이가 성장했다고 해서 끝난 것도, 수월해지는 것도 아니다. 양육을 제공하는 입장에서는 시간이 흐르고 상황이 변함에 따라 또 다른 형태의 노력이 계속해서 필요해질 뿐이다.

인간 아기의 미숙함은 호모 사피엔스의 명백한 특성이다. 인간은 다른 영장류와 달리 가장 미숙한 상태로 태어나 가장 오랫동안 보살핌을 받아야 성장할 수 있는 방식으로 진화했다. 그 중심에는 아기를 출산한 여성이 있고, 그 여성이 가진 힘과 능력을 모성이라고 한다. 인간의 생존에 있어 가장 중요하고도 필수적인 기능이자 능력. 이러한 이유로 모성은 본능이다.

어미 북극곰은 새끼를 한겨울 굴속에서 낳는다. 평균 두 마리에서 세 마리 정도의 새끼를 낳는데 이듬해 봄까지 굴속에서 꼼짝없이 새끼에게 젖을 주고 키운다. 그러다 보니 이듬해 봄에 어미 북극곰은 피골이 상접해진다. 봄을 맞아 굴 밖으로 나온 어미 곰이 가장 먼저 먹는 것은 새끼 곰들의 배설물이다. 다른 포식자에게 새끼가 노출되는 것을 막기 위해 흔적을 지우는 것이다. 북극곰은 모성 행동이 대단히 발달한 동물에 속한다.

모성의 대명사라 할 수 있는 동물은 생각보다 많다. 포유동물뿐 아니라 알을 낳고 보호하며 품다가 결국 포식자에게 잡아먹히는 운명을 받아들이는 새도 있고, 목숨을 건 회귀 헤엄으로 알을 낳으러 오는 물고기도 있다. 동물에게 이런 모성이 있는 이유는 인간과 마찬가지로 모성 행동이 종족 보존을 위한 필수불가결한 행동이기 때문이다. 이러한 행동 특질을 본능instincts 또는 전형적 행위 패턴modal action pattern이라 일컫는다.[21]

동물의 모성 행동은 그 행동 자체가 단순하지 않기 때문에 마치 그 속에 특별한 의미나 의도가 담겼으리라고 오해하기 쉽다. 그러나 실제로는 무릎에 타격을 가했을 때 사람이 다리를 쭉 들어 올리는 행동과 비슷한 수준이라고 보는 것이 옳다. 다만 전형적 행위 패턴 중 일부는 환경 변화에 노출되면서 선택하게 된 것일 수는 있다. 따라서 동물의 모성 행동을 두고 인간의 모성과 비교해 왈가왈부할 근거는 없으며, 동물의 모성 행동에 감동받을 과학적인 이유도 없다.

모성은 개체 수가 상대적으로 적은 고등동물에게서 두드러지게 나타나는 공통적인 현상이며 앞서 설명했듯 개체가 놓인 환경에 따라 선택적으로 형태가 달라진다. 모성이 진화하는 이유는

종의 생존에 기여하기 때문이다.

새끼를 임신하고 출산하고 키우는 동안에 어미의 뇌는 모성에 관여하는 호르몬이 왕성하게 분비되도록 세팅된다. 그 호르몬은 우리가 익히 잘 아는 사랑과 애착의 호르몬, '옥시토신oxytocin'이다. 옥시토신은 모성 행동을 유발한다. 출산과 모유 수유를 위해 분비되기도 하지만 엄마가 아이에게 사랑을 느낄 때 가장 왕성하게 나온다. 뿐만 아니라 옥시토신은 출산으로 아팠던 기억을 빠르게 잊도록 돕는다. 엄마가 아이를 지키기 위해 설명하기 힘든 (분명히 무거운데 안 무겁다고 말하는) 놀라운 힘을 발휘하는 것도 옥시토신 호르몬 덕이다.

○○　　완벽해보이고 싶은 마음

모든 포유류 어미들은 어떠한 형태로든 본유적인 모성 본능을 지닌다. 모성은 종족 보존을 위해 장착된 능력이다. 문제는 우리가 '모성' 또는 '모성 본능'이라는 단어를 어떤 의미로 쓰고 있는지, 어떤 의미로 써야 하는지에 있다.

아이가 있는 여성 5000명을 대상으로 아이를 양육할 때 힘든 점은 없는지, 힘들 때 다른 사람들에게 얼마나 솔직하게 털어놓는지를 조사한 연구가 있다. 연구에 참여한 엄마들의 60퍼센트 이상이 아이를 키우는 일이 육체적으로나 심리적으로 무척 힘든데도 솔직하게 말하지 못한다고 답했다. 그중 절반은 경제적인 걱정을 숨긴다고도 했다. 그리고 무려 90퍼센트의 엄마들이 아이의 학교를 비롯한 주변에서 만나는 다른 엄마들에 비해 자신이 많이 부족하다고 느낀다고 대답했으며, 그로 인해 심한 압박감과 우울감에 시달리고 있다고도 했다. 대부분의 엄마가 아이 키우는 일을 성과처럼 여기는 사회에서 양육에 필요 이상의 압박감을 느끼고 있었으며, 자신의 양육 방법에 대해 확신이 서지 않아 이중고를 겪고 있었다. 많은 엄마가 힘들어도 주변에 내색을 하지 않는 등 본심과 다르게 행동하는 이유는, 무엇보다 어미 노릇을 잘하는 완벽한 엄마로 보이고 싶고, 실제로도 완벽해지고 싶어서가 아닐까.

사람들은 엄마가 아기를 갖게 되면 저절로 모성이 생기고, 엄마라면 그런 모성으로 무장해 능숙하게 아기를 양육할 수 있어야 한다고 생각한다. 또 아이를 키우면서 고충을 겪는 일을 당연하다고 생각한다. 희생과 헌신을 '엄마니까' 해야 하는 것으로 여기는 것이다. 그러나 이런 사회적 기대보다 엄마를 가장 힘들게 하는 건 자책이다. 아기를 돌보는 행동이 노련하지 못하다는 생각이 들면 자신의 모성을 의심하고, 엄마라면 누구나 갖고 있는 자질에 결함이 있는 것 같다는 생각까지 한다. 아이의 부족함은 엄마의 잘못이 된다. 우리 사회가 '모성'이라는 단어를 '엄마가 겪는 고통'을 포함시킨 채 사용하고 있다면, 이는 필시 보이지 않는 폭력일 것이다.

○○   모성 본능에 포함되지 않는 것들

'모성 본능'에는 반드시 모유 수유를 하고, 기저귀를 능숙하게 갈고, 신생아를 노련하게 씻기고, 수시로 잠에서 깨는 아기를 밤새 보초선 채 재우며, 시기에 맞게 조기교육을 시키고, 집을 언제나 청결히 유지하며, '그럼에도 불구하고' 힘든 줄 몰라야 하는 행동들이 포함되지 않는다. 인간의 모성은 엄마가 새끼를 본능적으로 예뻐하고 사랑하는 존재로 느끼는 마음, 그 이상도 이하도 아니다. 아기를 보호하는 방법도, 사랑하는 방법도 사람마다 엄마마다 다르기 마련이다. 버거울 땐 내려놓고 싶어지기도 하고, 아플 땐 원망하기도 하며, 뜨거울 땐 영원하길 기원하는 것이 마음의 속성이다. 모성도 엄마가 자식을 향해 가질 수 있는 마음 중 일부다.

우리에게 '모성'은 여성이 자신의 아기를 사랑할 줄 안다는 말이 아니라, 태어난 아기를 자동적으로 능숙하게 양육해내며 힘든 줄도 몰라야 한다는 말로 변질되어 있다. 우리는 모성이라는 단어를 분명히 잘못 해석해왔다. 양육은 엄연한 육체적, 정신적 노동이다. 노동이 힘든 것은 모성이 부족해서가 아니라 노동의 속성이 본래 힘든 것이기 때문이다.

내 주변의 엄마들과 대화를 하다 보면 꼭 듣게 되는 말이 있다.

"낳아서 키워보세요. 그럼 알아요."

나에게 되도록 많은 이야기를 들려주시는 우리 엄마조차 "너도 새끼 낳아 키워봐라. 그러면 안다"고 하신다.

"결혼해서 살아봐라"만큼이나 많이 들어본 대답이다.

근대 심리학의 창시자로 불리는 미국의 심리학자 윌리엄 제임스William James는 그의 저서 《심리학의 원리Principle of Psychology》에서 치통을 경험한 적이 없는 사람이 치통을 이해하려는 것을 맹인이 하늘의 푸르름을 개념적으로 이해하려는 상황에 비유했다. 알수 없다는 사실을 아는 것은 얼마나 어려운가. 우리에게는 모른다는 사실조차 모르고 있는 마음이 더 많다.

어떻게 나이 들어야 하는가

성공적 노화를 넘어 성숙한 노화로

○○

청소년기와 성인기를 거치며 각자 다른 경험과 생각 패턴이
몸과 마음에 그대로 쌓이기 때문에 노년기 삶의 모습에 개인차가
큰 것은 어찌 보면 당연하다. 그러니 노인을 단순히
생물학적 나이로 구분하기란 쉽지 않은 일이다.

얼굴에 새겨진 베개 자국이 정오가 다 되어도 없어지지 않을 때, 컨디션이 괜찮은데 안색이 안 좋다는 소리를 자꾸 듣게 될 때, 화장을 수시로 고쳐야 할 때, 차가운 물로는 양치가 불가능하구나 싶어질 때 등등. 내게 나이가 든다는 건 고작 이런 경험을 떠올리는 일이다.

지금보다 더 어릴 때는 당연히 '늙음'을 두고 고민해본 적이 없었다. 나와는 별로 상관없는 일이겠거니 했다. 그때는 노인이 되었음을 부정하는 사람들이 이상해보이기도 했다. 그것이 얼마나 철없는 생각이었는지는 늙어가는 내 엄마를 보면서, 퇴임을 준비하시는 교수님을 곁에서 지켜보면서 알게 되었다.

"엄마, 늙는다는 건 어떤 거예요?"

"슬픈 일이지. 서글프고 아프지. 그렇지만 거북해할 일은 아니야. 늙는다는 건 우주의 섭리니까."

'젊음'에 대한 찬양과 갈망은 시대를 막론하고 존재한다. 인류는 오래도록 젊음을 유지하고 싶은 마음에 몰두해왔다. 사람은 오래 살고 싶어 하지만 늙고 싶어 하지는 않는다. 오래 산다는 것은 살아온 만큼 늙어간다는 것인데도 젊음에 대한 욕심과 늙음에 대한 두려움이 내면에서 동시에 피어오른다. 그러나 단 한 사람의 예외도 없이 노화는 진행되고 생물학적 기능은 저하된다. 노인이 되는 것은 아무도 피할 수 없다.

내가 목격한 늙음은 내가 가졌다고 생각했던 것들, 내 곁에 있다고 믿었던 것들을 점차 잃어가고 있음을 깨닫는 과정처럼 보였다. 대부분은 이런 상실을 받아들이기 힘들어한다. 늙는다는 사실은 어찌어찌 받아들인다 해도 상실까지 긍정하기란 어려운 일이기 때문이다. 더구나 '노인'은 자신도 늙음을 피할 수 없음을 자꾸 직시하게 만들기 때문에 부정하고 싶은 존재가 된다. 노인을 이유 없이 폄하하는 심리는 어쩌면 늙고야 말 자신의 미래 모습을 벌써 혐오하고 있는 마음을 반영한 것일지 모른다.

○○   노인 분류법

우리나라에 몇 살부터 노인으로 볼 것인지를 정해놓은 정확한 법적 근거는 없다. 노인복지법에도 명문화된 연령 규정은 없다.[22] 노인을 대상으로 한 연구물이나 문헌을 보면 65세 이상을 잠정적으로 '노인'이라 규정하는 경우가 가장 많다. 아마도 이

것은 대한민국 기초노령연금법의 연금 지급 대상자 규정과 노인
장기요양보험법 제2조 1항에 근거한 것이자 유엔통계국이 지난
1950년대에 발표한 기준 연령을 참고한 것이 아닌가 싶다.

소비 활동이나 경제 생산 분야를 연구한 보고서들은 노인 기
준을 55세 이상으로 규정하기도 하고, 연령대별 또는 세대별 비
교를 목표로 하는 연구는 60세부터 노년층으로 분류하기도 한다.

단순히 나이나 생물학적 기능 감퇴만을 고려해 노인을 정의
할 수는 없다. 건강한 신체는 물론이고 지적 능력을 온전히 갖춘
사람일지라도 사회적 쓸모를 인정받지 못하면 노인이 되어버린
다. 심리학자 칼 로저스Carl Rogers는 심리적·사회적 능력을 갖춘
인간을 '충분히 기능하는 사람the fully functioning person'이라는 용어
로 설명한다. 이는 인간이 충분히 기능하지 못하면 심리적·사회
적 능력도 현저히 떨어질 수 있음을 의미한다.

직장을 잃고 일을 할 수 없게 되는 순간 사람은 심리적으로
급격하게 늙는다. 일할 능력 자체가 정신 건강에 지대한 영향을
끼치는 것이다. 이를 로저스 식으로 해석하면, 충분히 기능하는
사람으로서의 쓸모를 빼앗기면 사람은 자기존중감에 큰 상처를
입게 된다.

실제로 노인은 단지 나이가 많아 늙은 사람이 아니라 사회적
인정을 받지 못하는 사람으로 분류해야 한다는 관점도 있다.[23] 생
물학적 측면뿐 아니라, 사회적 측면과 심리적 측면을 모두 고려해

야 한다는 것이다.

이런 관점에서 노인을 분류하면 당연히 '젊은 노인'이 출현한다. 우리는 생각보다 빨리, 그리고 오랫동안 늙는다.

○○　　　몸이 변하며 마음도 변했다

우리나라 60세 이상 성인의 정서와 사고방식, 그리고 가치관을 알아보기 위해 30대부터 60대까지의 성인을 대상으로 한 심리학 연구가 있다.[24] 세대별 정서와 사고방식, 가치관을 비교·분석해 60대 이상의 심리적 특성을 탐색해보고자 한 것이다.

연구진이 측정한 정서 요인은 우울, 불안, 삶의 만족도, 긍정적인 감정과 부정적인 감정이었다. 우울은 우울증의 제반 증상들, 예컨대 '평소에는 아무렇지도 않던 일이나 재미있던 일이 귀찮게 느껴진다'와 같은 물음들로 구성된 검사를 통해 측정했고, 불안 역시 불안 장애의 제반 증상들을 알 수 있는 검사로 측정했다. 삶의 만족도는 '나의 삶은 내가 생각하는 이상적인 삶에 가깝다'와 같은 인생에 대한 전반적인 만족감을 알려주는 문항이 담긴 설문지로 측정했다. 그리고 긍정적인 감정과 부정적인 감정은 최근 한 달 동안 느낀 감정을 묻는 방식으로 이루어졌다. '활기찬', '열정적인', '흥미진진한'과 같은 긍정적인 감정과 '괴로운', '적대적인'과 같은 부정적인 감정을 어느 정도로 느꼈는지 질문한 것이다.

사람들은 어떤 일의 원인을 설명하거나 결과를 예측하려 할 때 자신만의 인과 모형을 사용한다. 여기서 말하는 인과 모형이란 세상을 구성하는 요소 사이의 관계에 대한 개인의 암묵적 믿음으로, 자신이 살아온 문화나 받아온 교육에 영향을 받은 것으로 예상할 수 있다. 이러한 인과 모형을 우리가 흔히 말하는 '사고방식'이라 해도 크게 다르지 않다. 연구진이 살펴보고자 한 사고방식은 '부분을 중시하는가, 전체 맥락을 중시하는가', '위험을 감수하는 성장 욕구가 큰가, 예방을 중시하는 안전 욕구가 큰가' 등이었다. 또한 '자신의 능력을 다른 사람과 비교하는 편인지', '어떤 결정을 내리기 전에 최대한 많은 가능성을 탐색하려는 편인지'도 함께 살펴봤다.

연구진은 가치관에 해당하는 항목도 측정했다. 인간의 가치관은 자신의 행동과 감정을 합리화하는 기능을 한다. 연구에서 측정한 가치관은 '보수적 권위주의 정도', '성차별 정도', '세상에 대한 믿음 정도'였다.

정서와 사고방식, 그리고 가치관은 사람의 마음을 빚어내는 기본적인 성분이라 해도 과언이 아니다. 그렇다면 연구를 통해 살펴본 60대 이상의 마음, 즉 노인의 마음은 어떤 모습이었을까?

삶의 만족도, 긍정적인 감정은 이른바 '행복'을 구성하는 요소다. 이런 행복 구성 요소들에 관한 평가 점수는 다른 연령대에 비해 60대가 가장 높았다. 특히 부정적인 감정은 연령대가 높아질수록 줄어들었다. 보통 나이가 들수록 쉽게 슬퍼하거나 우울해할 것이라고 생각하지만, 예상과는 다른 결과였다. 그렇다고 나이를 먹을수록 행복해진다는 이분법적 결과로도 볼 수는 없다.

연구진은 60대로 갈수록 부정적인 감정이 줄어드는 현상을 '정서최적화affective optimization' 개념으로 설명한다. 노인은 부정적인 감정을 최대한 피하고 기분 좋은 상황을 지혜롭게 선택함으로써 자신의 행복을 유지할 줄 안다는 것이다. 행복은 조건의 문제가 아니라 누림의 문제라는 것을 살아온 삶을 통해 깨달은 것으로 보인다.

한편, 60대는 다른 연령대에 비해 더 많이 성장하거나 더 높은 목표를 성취하고 싶은 마음은 별로 없었다. 다만 손해를 보거나 실패하고 싶지 않은 마음은 훨씬 강했고 안전에 대한 욕구도 높았다. 그뿐 아니라 자신의 의견이나 능력을 타인과 비교해 판단할 때에는 하향 비교, 즉 나보다 열등한 사람과 비교해 판단하는 편이었다. 어떤 결정을 내리기 전에 최대한 많은 가능성을 탐색하려는 것을 '최대화 경향성'이라고 하는데, 60대는 최대화 경향성이 낮았다. 의사결정을 할 때 정보가 적어도 충분히 만족하고 결정을 내린다는 의미다.

종합하면, 60대는 다른 연령대에 비해 기대 수명이 적고 인지능력이 감퇴하는 특성을 고려해 앞으로 달성할 목표를 설정하기보다 이미 이룬 것을 지키고, 자신을 주변 사람들과 비교하지 않으며 되도록 적절한 선에서 만족하는 삶을 사는 것으로 보인다. 이런 사고방식은 상당히 보수적 가치관과 연결된다. 심리실험으로 연령이 높아지고 노화를 체감할수록 보수적인 경향이 증가한다는 것이 어느 정도 증명된 것이다.

○○   노인을 이토록 연구하는 이유

노인을 대상으로 하는 연구는 쉽지 않다. 실험이나 설문 자체가 힘들다는 의미도 물론 있지만, 무엇보다 연구 대상인 노인 집단 내에서 개인 간 특성 차이가 너무 크다. 그만큼 일반화가 어렵다.

인간 발달의 모든 단계마다 개인차는 존재한다. 예컨대 0세에서 2세까지를 발달 단계 중 영아기라고 하는데 이 시기에 신체는 앉고 기다가 걷고 뛰는 순서로 성장한다. 인지 발달 차원에서는 보고 만지고 입에 넣는 행동처럼 감각 운동으로 세상을 경험한다. 물론 영아별로 각 단계에 도달하는 연령(이때는 개월 수에 해당하겠지만)에는 차이가 있다. 조금 더 이르게 발달하는 아이가 있고 느리게 발달하는 아이가 있다. 마찬가지로 아동기든 청소년기든 성인기든 노년기든 개인마다 발달의 차이는 존재한다. 그런데 이러한 개인차가 노년기 집단에서는 특히 크게 나타난다.

같은 70세라도 어떤 사람은 50대 못지않은 젊고 건강한 신체 조건을 가진 경우가 있는 반면, 안타까울 정도로 병들고 쇠약한 사람도 있다. 청년 못지않은 열정과 생각을 자랑하는 노인이 있는가 하면 마음이 먼저 늙어 의욕이라곤 없는 노인도 있다.

노년기에 보이는 신체적·심리적 특성은 개인이 살아온 세월과 삶을 고스란히 담고 있다. 영유아기에는 비슷한 경험을 하며 성장하지만, 아동기부터 점점 경험과 환경, 생각에서 서로 격차가 벌어진다. 그리고 청소년기와 성인기를 거치며 각자 다른 경험과 생각 패턴이 몸과 마음에 그대로 쌓이기 때문에 노년기 삶의 모습에 개인차가 큰 것은 어찌 보면 당연하다. 그러니 노인을 단순히 생물학적 나이로 구분하기란 쉽지 않은 일이다.

65세 이상 남녀 고령 운전자의 운전 능력을 연구한 심리실험이 있다.[25] 연구 결과를 살펴보면, 고령 운전자들이 스스로 평가하는 자신의 운전 능력과 실제 운전 능력에 차이가 났다. 주관적으로 유능하다고 생각했지만 테스트를 받아보니 객관적으로 그다지 유능하지 못하다는 것이 밝혀진 것이다. 실제로 나이가 들어 신체 기능이 약해질수록 브레이크를 밟는 반응 속도가 느려지고 핸들을 잡는 균형 감각도 무뎌진다고 한다.

안타까운 사실은 일반 성인 운전자와 비교했을 때, 고령 운전자에게 운전이 갖는 의미가 남다르다는 점에 있다. 운전 능력은 곧 자유로운 이동을 뜻한다. 자유로운 이동은 행복한 삶과 직결되어 있다. 신체적으로 약해지고 심리적으로 위축되기 쉬운 노년층에게 자유를 주는 운전 능력은 그 가치가 훨씬 크다. 노인에게 운전은 젊은 사람에 비해 더욱 큰 의미를 지닌다는 것이다.

노인이 운전에 주관적인 유능감을 느끼는 것은, 즉 스스로 '운전을 잘한다'고 느끼는 것은 행복한 삶을 향한 열망처럼 보인다. 실제로는 시력도, 돌발 상황에서의 반응 속도도, 핸들 균형 감각도 떨어지지만 받아들이기 어려울 수밖에 없을 것이다. 자유로움과 행복을 포기할 수 없기 때문이다. 나이가 들수록 비단 운전 능력뿐 아니라 '할 수 있음'과 '하고 싶음'의 괴리가 커지는 경우는 점점 많아진다.

노화는 두말할 나위 없이 신체 능력을 약화시킨다. 또한 노인을 연구한 수많은 연구 보고서는 예외 없이 노화가 인지능력, 예를 들어 어휘력이나 주의력, 기억력, 논리력 등도 감퇴시킨다고 말한다.[26] 반전이라곤 있을 것 같지 않음에도 노인을 이토록 연구하는 이유는 과연 무엇일까? 어느 하나 나아지는 점 없이 모든 것들이 닳아 없어진다는 사실을 지금보다 더 많이 발견하고 슬퍼하기 위해서일까? '노년 심리학'을 비롯해 수많은 노인 연구의 궁극적인 목표는 늙음이 가져다주는 특성, 노화로 인한 한계점을 알아내는 것만은 분명 아니다.

○○ 지혜롭게 나이 드는 사람들

최근 우리나라 노년 심리학은 '성숙한 노화psycho-socially matured aging'라는 개념을 제안했다.[27] 예전에는 '성공적 노화successful aging'에 초점을 맞추었다. 성공적 노화는 주로 인지적 유능성, 예컨대 어휘력이나 기억력 감퇴를 막고 건강한 신체 상태를 오래 유지하는 것 등의 개인적 능력을 중시했다. 물론 성공적 노화의 조건들은 실제로 노년의 행복에 큰 영향을 미친다.

성숙한 노화는 성공적 노화가 말하는 '개인적인 차원'을 넘어 '사회적 관계' 안에서의 능력 또한 중시한다. 다양한 연령층과 원활하게 소통하고 폭넓은 대인 관계를 유지하는 것, 아울러 사회에 대한 책임을 다하는 것, 이로써 자신이 살아온 삶에 책임지는 어른이 되는 것을 '성숙한 노화'라 일컫는다. 성숙한 노화를 위해서는 스스로 성숙하게 나이 들기를 원한다는 인식이 있어야 하며 '어떻게 나이 들어야 하는가'를 끊임없이 묻고 성찰할 줄 알아야 한다.

노인을 대상으로 한 성숙한 노화 연구에 따르면, 성숙한 노화 지수가 높은 노인일수록 신체 질환 수가 현저히 적었다. 인지 기능도 좋았고, 사회 활동에도 적극적으로 참여했으며 심리적 안녕감도 높았다. 무엇보다 오랜 시간 축적한 삶의 경험에서 우러나는 혜안, 즉 인지, 성격, 정서, 관계 요소를 모두 포괄하는 능력이 높았다. 성숙한 노화는 인간을 '지혜롭게' 했다. 특히 이 지혜로움은 경제력이나 학력과 같은 변인과 상관없었다.[28]

　나이가 드는 것이 한계를 확인하는 일임을 부정할 생각은 없다. 그렇다고 해서 나이 들어 노화를 겪을수록 한계에만 부딪힌다고만 할 수도 없다. 관계 중심적이고 이해와 배려의 마음이 깊을수록 인지적 유능성을 얼마든지 유지할 수 있고, 무엇보다 젊은 사람들이 갖기 어려운 지혜와 성숙을 갖출 수 있음을 많은 연구가 밝히고 있고 계속해서 알아내고 있다.

잘 죽는 법

죽음 대처 유능감에 관하여

○○

우리의 건강한 마음은 나 자신뿐 아니라
주변 사람을 위해서도 기능한다.
죽음으로 인한 상실감과 아픔을 서로 헤아릴 줄 알고
수용하고 이해하는 마음이 죽음 대처 유능감으로 발휘되는 것이다.

몇 해 전, 65세 이상 노인들을 대상으로 진행한 수술 전후의 인지능력 추적 연구에 참여한 적이 있다.[29] 연구는 전신마취가 불가피하고 긴 회복 기간을 요하는 외과 수술이 노인 환자의 인지능력에 미치는 영향을 확인해볼 목적으로 진행됐다. 연구에 참가한 노인 환자들은 수술이 있기 며칠 전, 수술 일주일 뒤, 그리고 수술 3개월 뒤에 인지능력 검사를 받았다.

연구 결과, 남성 노인들과 여성 노인들의 수술 전후 인지능력 회복 패턴이 서로 크게 차이를 보였다. 여성 노인 집단은 수술 전에 비해 수술 일주일 뒤 인지능력이 크게 떨어졌다. 약한 신체 조건이 수술 직후의 회복을 더디게 한 것이다. 그러나 수술 후 3개월이 지난 시점에는 놀랍도록 향상된 인지능력을 보여주었다. 수술 전의 인지능력 수준으로 회복됐거나 오히려 더 좋아지는 경우도 있었다.

반면 남성 노인 집단의 인지능력 변화는 여성 노인과 판이했다. 남성 노인들은 수술 전에 비해 수술 일주일 뒤 인지능력이 조금 떨어지더니, 3개월 뒤에는 수술 전보다 확연하게 나빠졌다. 회복이 더 이상 어려워 보이는 경우가 있는가 하면 치매 정밀 검사를 의뢰해야 하는 위험군으로 분류되는 노인도 있었다. 정말 놀라운 차이, 놀라운 결과였다.

수술 이후, 회복할 의지가 있는 노인들은 건강을 되찾기 위한 노력을 기울인다. 예컨대 처방약을 잘 복용하고 가벼운 운동을 하며 식단에 신경을 썼다. 모임에 나가거나 기분이 좋아지는 활동을 해보려 애쓰기도 했다. 회복에 도움이 되는 일을 적극적으로 찾아 한 것이다. 수술 후 인지능력의 예후는 회복기 동안의 마음 상태에 크게 좌우되는 것으로 나타났는데, 특히 가족과 친밀한 관계를 유지하는 것, 주변과 원활하게 소통하는 것이 회복에 지대한 영향을 미쳤다.

연구에서 남성 노인들은 여성 노인들과 달리 회복에 도움이 되는 적절한 노력을 하지 않으려 하거나 가족과 주변 인간관계에 소홀했다. 연구에 참여한 남성 노인 대부분은 자신의 건강 문제는 자신이 가장 잘 안다고 말하거나 검사와 진료에 소극적인 태도를 보이기 일쑤였다. 반면 여성 노인들은 인지능력 검사에 적극적이었으며 결과에도 큰 관심을 기울였다. 그리고 일면 불안해하는 모습을 보이기도 했다.

여성 노인들의 불안한 마음은 자신의 건강 상태를 염려해서만이 아니었다. 여성 노인들은 자신의 건강이 악화되어 주변에 부담을 줄까 봐 무척 걱정했다. 특히 치매가 와서 가족들에게 폐를 끼칠까 봐 너무 두렵다고도 했다. 그래서 할 수 있는 한 최선을 다해 낫고 싶다는 의지를 보였고 실제로 회복력도 좋았다.

여성 노인들이 두려워한 것은 자신의 몸이 쇠약해지는 것도, 소중한 기억을 잃어버리는 것도, 죽음도 아닌 것 같았다. 오로지 자신의 존재가 가족을 비롯한 주변 사람들에게 짐이 되고 누가 될 것을 두려워했다. 내가 사랑하는 사람들에게 줄지 모를 마음의 부담이 죽음보다 싫었던 것이다. 여성 노인 중에는 멀쩡한 정신으로 죽음을 맞이하는 것이 인생의 목표이기 때문에 자신의 죽음에 대해, 자신이 죽고 난 뒤의 주변에 대해 수시로 생각하고 자주 걱정한다는 노인도 있었다. 오래 전부터 해온 생각이지만, 몸이 크게 아프고 나니 더 크고 절실한 고민거리가 되었다는 얘기였다.

우리가 죽음에 대해 생각할 수 있는 건 죽음 자체가 아직은 먼 미래라고 믿기 때문일지도 모른다. 막상 죽음이 가까워온다는 사실을 실감하게 되면 삶에 되레 집착하거나 죽음이 훨씬 더 두려워지지 않을까. 죽음이 가까울 무렵 죽음에 대해 덤덤히 생각하기란 쉽지 않아 보인다. 그러나 지금 누군가는 '어떻게 죽는 것이 잘 죽는 것일까', '잘 죽기 위해서 어떤 일을 해야 할까', '죽기 전에 최선의 삶을 살기 위해서는 어떤 모습으로 살아야 할까' 같은 물음을 마음에 품고 있을 것이다.

∞　죽음을 받아들이는 3가지 태도

생명이 있는 모든 존재는 생존을 위해 살아간다. 따라서 죽음을 무서워하는 것은 생존에 적합한 우리 마음의 기능이다.

죽음을 두려워하는 마음에는 '나'라는 존재가 사라진다는 자아상실감, 미지의 사후 세계에 대한 공포, 죽을 때 느낄 고통과 괴로움에 대한 불안뿐 아니라 내가 죽은 뒤 남게 될 내 사람들에 대한 근심 등이 모두 포함되어 있다. 하나의 원인, 하나의 감정에서 비롯된 두려움이 아닌데다 매우 복합적인 아픔을 불러일으키기 때문에 죽음을 생각하거나 말하기를 꺼려하는 사람이 많다.

하지만 인간은 죽을 수도 있는 존재가 아니라 기어코 죽고야 마는 존재다. 그렇기 때문에 우리는 죽음을 '수용적인 마음'으로 바라볼 필요가 있다. 캐나다 트렌트대학교 심리학자 폴 윙Paul T.P. Wong 교수는 죽음을 수용적 태도로 바라보는 마음 유형을 세 가지로 정리했다.[30]

첫 번째 유형은 '중립적 수용neutral acceptance'이다. 죽음을 삶의 자연스러운 마무리로 생각해 큰 두려움 없이 수용하는 것을 말한다. 중립적 수용의 태도를 지닌 사람은 죽음을 인생의 끝에서 만나는 하나의 변할 수 없는 부분, 삶의 완성으로 인식한다. 죽음까지가 내 삶인 것이다.

두 번째는 '접근적 수용approach acceptance'이다. 접근적 수용의 태도를 지닌 사람은 사후 세계의 존재를 믿는다. 생이 마감하면 이후에 다른 세계가 펼쳐지는데, 그곳에서는 현생보다 더 평안하고 행복하리라 믿는 것이다. 사후 세계에 대한 신념은 종교의 영향이 크다고 볼 수 있다. 사후 세계에서 평안할 수 있을 것이라는 믿음은 죽음이라는 관념이 불러일으키는 불확실한 미래를 꽤 긍정적으로 생각할 수 있게 한다. 접근적 수용은 이별의 슬픔이나 죽음의 안타까움, 그리고 막연한 공포감을 해소시킬 수 있는 마음이다. 죽은 자를 떠나보내며 '우리 곧 다시 만나요'라고 기도하는 마음이 여기서 비롯된다.

죽음을 수용하는 세 번째 유형은 '탈출적 수용escape acceptance'이다. 불행과 고난으로 가득한 현재의 삶에서 벗어나고 싶은 마음이 죽음을 수용하는 형태로 나타난 것이라 보면 된다. 탈출적 수용의 태도를 지닌 사람에게 죽음은 힘들고 고단했던 삶의 대안이자 고통스러운 현재의 도피처가 된다. '이제는 고통 없는 곳에서 편하게 쉬세요'라는 기도는 탈출적 수용의 태도가 담긴 마음으로 볼 수 있다.

○○   죽음에 대처하는 유능한 마음

인간이 죽음을 대하는 마음에는 수용적 태도만 있는 것이 아니다. 아무도 피할 수 없는 죽음을 조금 더 지혜롭고 홀가분하게 받아들이는 마음을 '죽음 대처 유능감death competency'이라고 한다.[31] 죽음 대처 유능감은 자기 자신의 죽음뿐 아니라 주변 사람의 죽음에도 마음을 다해 현명하게 대처할 수 있다고 믿는 긍정적인 기대감이다.

죽음 대처 유능감은 자신이 얼마나 건강하다고 느끼는지, 심리적으로 얼마나 평안한지, 그리고 내면이 얼마나 강인한지와 관련이 깊다. 그래서 '나는 죽음을 바라보는 관점이 긍정적이다', '죽음은 안전하게 다루어질 수 있는 영역이다', '나는 미래에 누군가를 잃는 것에 잘 대처할 수 있을 것이다' 같은 물음을 통해 가늠해볼 수 있다.

죽음 대처 유능감은 무엇보다 성숙한 이별을 하도록 돕는다는 점에서 인간의 고귀한 마음 기능이다. 죽음은 돌이킬 수 없는 이별이다. 내 주변 사람의 죽음은 그 사람과의 기나긴 작별을 뜻한다. 나의 죽음은 내가 사랑했던 사람들, 그 모든 것들과의 이별이기도 하다. 죽음을 담담하게 받아들이는 마음, 그리고 이를 낙관적으로 수용하는 마음은 성숙하고 좋은 이별을 맞이하게 할 것이다.

우리의 건강한 마음은 나 자신뿐 아니라 주변 사람을 위해서도 기능한다. 죽음으로 인한 상실감과 아픔을 서로 헤아릴 줄 알고 수용하고 이해하는 마음이 죽음 대처 유능감으로 발휘되는 것이다. 이 마음이 바르게 기능할수록 물질을 추구하는 욕망이 낮고, 노년기의 행복감이 높아지는 것으로 나타났다.[32] 또한 죽음 대처 유능감은 죽음을 대하는 생각에만 머물러 있는 것이 아니라 실제 행동으로도 나타나는데, 죽음 대처 유능감이 높은 사람일수록 사후 장기 기증 서약에 훨씬 더 적극적이라고 한다.

○○　　어떤 마음들이 필요한가

우리나라 60세 이상 노인 100명을 대상으로 죽음을 대하는 태도를 살펴본 연구가 있다.[33] 노년기의 죽음 대처 유능감은 죽음을 수용하는 마음이 크고 죽음에 대한 공포가 적을수록 높은 것으로 나타났다. 또 교육 수준이 높을수록 죽음을 수용하는 마음이 큰 것으로 조사됐는데, 단순히 높은 수준의 교육이 죽음을 대하는 태도를 긍정적으로 변화시켰다기보다 교육을 통한 깨달음이 '죽음'이라는 개념을 이해하는 데 좋은 영향을 준 것으로 보인다.

성격 같은 개인적 특성도 죽음을 대하는 마음에 영향을 끼치는 것으로 드러났다. 활동적이고 사교적이며 '외향성'이 높은 사람은 죽음을 삶의 일부분으로 받아들이는 중립적 수용의 태도가 높았다. 자기 절제력이나 신중함을 갖춘 '성실성'이 높은 사람은 죽음에 대해 공포를 느끼는 정도가 확연히 낮았다. 온화하고 겸손

하며 다른 사람에게 친절한 '우호성'이 높은 사람도 죽음에 대한 공포를 느끼는 정도가 비교적 낮고 죽음을 수용적 관점에서 바라 봤다.

국내 연구 결과에서도 죽음 공포가 낮은 노인일수록 장기 기증 의사가 높은 것으로 나타났다. 특히 사후 세계에 대한 공포가 덜하고 죽음을 회피하지 않는 태도를 보이는 노인들이 장기 기증에 적극적인 의사결정을 보였다.

죽음에 대한 두려움을 느끼는 데 남녀 차이는 없을까? 남성 노인들과 여성 노인들의 수술 전후 인지능력을 측정한 연구에서와 마찬가지로 남성 노인들과 여성 노인들의 죽음을 대하는 마음과 태도는 서로 큰 차이가 있었다. 연구 결과 남성 노인들이 여성 노인들에 비해 죽음에 대한 공포를 훨씬 더 많이 느끼는 것으로 조사됐다. 죽음을 오래전부터 많이 생각해온데다 가족을 비롯한 주변 사람들을 염려하는 마음이 큰 여성 노인들의 특성이 죽음 대처 유능감을 높인 것이다.

연구 결과 중 가장 흥미로운 부분은 경제적으로 충분히 여유 있다고 응답한 노인일수록 상대적으로 죽음에 더 많은 공포를 느낀다는 점이었다.

자유를 위해 그렇게 많은 피를 흘려온 인류 역사를 들먹이지 않더라도 자유는 인간에게 최고의 가치, 그 이상이다. 자본주의 사회에서 돈은 자유의 다른 말이다. 돈을 가진 자는 그만큼 자유를 더 많이 누릴 수 있다. 그리고 그 자유 속에는 통제력과 우월감이 내재되어 있다. 죽음은 자유와의 단절을 뜻한다. 어렵게 벌어얻은 자유인데 그걸 눈앞에 두고 이별해야 한다는 것은, 더구나 자신의 의지와는 상관없이 헤어져야 한다는 것은 원통할 수밖에 없는 일로 보인다.

○○ 잘 죽는 것과 잘 사는 것

우리나라의 45세 이상 65세 이하 중년 남녀 348명에게 죽음을 대하는 마음을 조사한 결과를 살펴보면, 잘 사는 것과 잘 죽는 것이 일맥상통한다는 사실을 알 수 있다.[34] 조사 결과 배우자를 존중하고 배려하는 마음이 클수록 죽음 자체를 삶의 자연스러운 마무리로 생각하고 두려움 없이 받아들이는 마음도 큰 것으로 나타났다. 무엇보다 부부 사이의 만족도가 높을수록 사후 세계에 두려움을 덜 느꼈으며 죽음 대처 유능감도 월등하게 높았다. 배우자를 곁에서 자신의 죽음을 온전히 지켜봐줄 사람이라고 믿는 마음이 죽음에 대한 공포감도 견디게 한 것이다. 내가 먼저 떠나도 주변을 정리해주고 나를 기억해줄 가장 가까운 사람이 존재한다는 것, 그것만으로 죽음에 대한 두려움은 확연히 줄었다.

배우자를 향한 마음 못지않게 죽음 대처 유능감을 높이는 변인은 자녀와의 관계였다. 자녀를 챙기고 보살피는 정도를 나타내는 '보살핌', 자녀를 존중하고 배려하는 마음을 뜻하는 '존중과 배려', 그리고 자녀와의 애착 정도를 의미하는 '친밀감' 지수가 높을수록 죽음을 낙관적으로 바라봤으며 죽음에 대한 공포감이 낮은 것으로 측정됐다.

지금 곁에 있는 배우자, 그리고 자녀와 어떤 관계를 맺고 있는지는 인생을 어떻게 살고 있는지를 보여주는 지표이기도 하다. 잘 죽기 위해서 잘 살아야 한다는 것은 누구나 알지만, 말처럼 살기가 쉽지 않을 뿐이다. 내 자녀에게서 나의 지난날을 보고, 내 배우자에게서 지금의 나를 보고, 내 부모에게서 나의 미래를 볼 수 있다면 삶에 대해 이보다 더 크고 깊은 통찰이 어디 있을까.

여러 죽음 연구 결과에 따르면, 죽음 대처 유능감에 가장 큰 영향을 미치는 변인은 '사회적 책임감'이다. 사회적 책임감이란 내 주변 사람들을 보살피고 배려하는 것을 넘어 내가 속한 사회 전체에 책임을 느끼고 사회 구성원들에게 도움이 되는 삶을 살기 위해 애쓰는 태도와 마음가짐이다. 사회적 책임감이 내가 죽음을 바라보는 방식도 바꿔줄 수 있다니 남을 이롭게 하는 길이 나에게도 이롭다는 말이 거짓은 아닌 것 같다.

3부 •‥‥‥‥‥‥‥‥‥‥▶ 시간의 실험실

인간은 어떻게 미래를 기억하는가

어제 먹은 점심 메뉴보다 내일 나갈 약속이 중요하다

○○

우리는 지난 일만 기억하는 것이 아니다.
오히려 나중에 해야 할 일. 내일 있을 일.
그리고 미래에 이루어야 하는 일을 훨씬 더 많이 기억하며 산다.
했던 일만 기억하는 것이 아니라
해야 할 일을 더 많이 기억하는 것이다.

내 주특기는 '걱정'이다. 나는 걱정이 많은 것으로 둘째가라면 서러운 사람이다. 내가 하는 걱정은 그 정도를 따지자면 시공을 초월해 우주로 뻗어나갈 지경에 이른다.

나는 운전을 못하겠다. 교통사고를 낼까 봐 걱정이기도 하지만 서투른 운전으로 도로 흐름을 방해하는 장본인이 될까 싶어서다. 물론 아직 차도 없는데다 운전면허증은 신분증 대용으로 쓰인 지 오래다.

요즘은 옮기게 될 직장에서 새로 만나는 동료들과 지나치게 서먹하진 않을까 걱정이다. 새롭게 만날 사람들과 겪을 필연적 갈등에 벌써부터 마음이 무겁다. 관계가 삐걱거려 일에 지장을 주면 곤란할 테니 말이다. 그렇다고 지금 옮길 직장이 결정됐느냐 하면 그것도 아니다. 심지어 직장을 옮기기 위해 구체적으로 알아본 곳도 없으면서 이렇다.

무엇보다 가장 큰 걱정은 '이토록 걱정 많은 내 성향을 내가 낳은 자식이 똑같이 닮으면 어쩌지?'다. 물론 나는 아직 비혼 상태다. 결혼을 계획하는 중인가 싶겠지만, 딱히 그런 것도 아니다. 결혼 계획은 예식장을 알아보러 다니는 일이 힘들까 싶어 엄두를 못 내겠다. 너무 신경 쓰이고 피곤할 것 같거니와 그 과정에서 결혼할 사람과 크게 싸울지도 모르니 걱정이다. 그런데, 실은 지금 결혼하고 싶은 사람도 없다.

내 걱정은 이렇듯 현실을 넘어 우주로 가열차게 뻗어 나간다. 덕분에 해보는 일보다 지레 겁먹고 포기하는 일이 더 많다.

개인마다 정도의 차이는 있겠지만 걱정 없는 사람이 있을까? 주위를 둘러보면, 나처럼 특기까지는 아니어도 겁 많고 걱정을 한 짐 짊어지고 사는 사람은 정말 많다. 누가 시킨 것도 아니고, 스트레스도 만만찮은데 누구나 걱정을 한다.

끊임없이 생성되어 제발 그만 좀 멈춰줬으면 싶은 걱정은 인간이기 때문에 하게 되는, 생각보다 자연스러운 마음 상태다. 인간은 다른 동물과 다르게 '예측'이라는 것을 할 줄 안다. 걱정은 불확실한 미래를 예측하는 과정에서 생기는 부산물이다. 인간이 걱정하는 동물이 된 건 아직 오지 않은 내일을 상상할 수 있는 몹쓸 능력 덕분이다.

인간이 갖춘 마음은 허투루 만들어지지 않았다. 걱정처럼 건강에 나쁘고 쓸모없어 보이는 마음도 마찬가지다. 걱정하고 불안해하는 마음이 인간에게 감당키 어려운 고통만 유발했다면, 걱정이 특기인 나 같은 사람은 진즉에 신경증이나 심장병에 걸려 저

세상으로 떠나고도 남았을 것이다. '장수'와는 거리가 먼 특성이기 때문이다. 아주 오래 전부터 걱정 많은 사람이 매번 단명했다면, 걱정과 불안 유전자를 지닌 사람은 자연선택 이론에 따라 이 세상에서 사라졌을 수도 있다. 그러나 우리는 여전히 우리 조상이 그랬듯 걱정과 불안을 끌어안고 산다.

인간은 상상하는 능력 덕분에 위험을 미연에 예방할 수 있었다. 겁을 내고 걱정하는 바람에 조심하고 대비할 줄도 알게 됐다. 인간에게 걱정과 겁이, 그리고 불안이란 마음이 전혀 작동하지 않는다면 얼마나 위험하고 무모해질까. 위험천만하고 변화무쌍한 환경에서 분명 안전하게 살아남기 어려웠을 것이다.

내일을 상상하는 능력 때문에 인간이 얻은 건 걱정과 불안만은 아니다. 우리는 내일 할 일을 계획하고 실행하기 위해 애쓸 줄 알게 됐다. 달리 말하면, 내일 할 일을 열심히 기억하고 실천해나가면서 하루하루 사는 것이 우리의 모습이 됐다. 우리는 나쁜 상황에 대비하고 조심성 있게 사느라 애쓴, 걱정쟁이 조상들의 후손이다.

○○　　미래를 생각할 줄 아는 뇌

생명체는 자기 능력과 생활 방식에 적합한 두뇌 구조를 갖는다. 단순한 생활을 하는 파충류의 뇌는 그다지 복잡할 필요가 없다. 그들의 두뇌는 호흡과 심장박동, 혈압, 섭식 등 생명 유지에 꼭 필요한 기능에만 충실하면 된다.

반면 집단을 이루어 사회생활을 하는 포유류의 두뇌는 조금 더 복잡해야 한다. 이를테면 포유류는 위험한 환경이나 포식자의 위협을 감지할 줄 알아야 하고, 집단 내 질서를 유지하기 위한 의사소통 능력도 갖춰야 한다. 또 짝짓기에 필요한 구애 전략을 구사할 줄도 알아야 한다. 포유류의 두뇌는 이런 활동이 가능하도록 기능해야 한다.

인간의 뇌 구조는 생명체 중 가장 복잡하다. 우리의 일상을 한번 생각해보자. 운전을 하다가 휴대전화 메시지를 확인해 읽고, 내용뿐 아니라 발신자의 의도를 유추해본다. 답문자를 언제 어떻게 보낼지 고민하는 동시에 약속 장소에 시간 맞춰 도착해야 한다는 생각에 운전 속도를 조절한다. 매우 짧은 순간의 일상만 살펴봐도 우리 뇌가 결코 단순할 수 없음을 알게 된다.

두뇌는 진화 방향에 따라 그 구조가 점진적으로 복잡해졌다.[35] 오래된 구조 위에 새로운 구조가 첨가되는 방식이다. 마치 오래된 지층 위에 새로운 지층이 덮여 지구 표면이 생성되는 것과 유사한 원리다. 뇌의 가장 안쪽에 위치한 후뇌rhinencephalon, 뇌간brainstem, 소뇌cerebellum는 생명 유지에 필요한 기능을 담당한다. 일명 '생명의 뇌' 또는 '파충류의 뇌'라 부른다. 파충류의 뇌에겐 그 어느 시간대보다 '현재'가 매우 중요하다. 배고픈 지금, 먹을 것이 눈에 보이면 곧바로 해결할 수 있게 기능한다.

가장 오래된, 안쪽의 뇌를 둘러싸고 있는 두 번째 뇌 부위를 '감정의 뇌' 또는 '포유류의 뇌'라고 한다. 포유류의 뇌는 생명을 유지하게 하는 최소한의 기능에서 조금 더 나아가, 좋거나 싫음을 느끼게 해준다. '좋고 싫음'이 어느 비율로 섞이느냐에 따라 우리는 여러 가지 감정을 느끼게 된다. 포유류의 뇌는 대뇌 변연계 limbic system에 자리 잡고 있다. 우리는 발달한 변연계가 느끼는 공포 덕에 위험을 빠르고 능숙하게 감지한다. 우리가 '과거'를 기억할 수 있는 것도 포유류의 뇌 덕분이다. 먹을 것이 눈앞에 있어도 과거에 위험했던 경험, 예컨대 싹이 난 감자를 먹고 복통과 설사에 시달린 기억을 떠올려 '아무 생각 없이 먹는' 행위를 멈추도록 하는 것이다.

신피질neocortex은 두뇌 가장 바깥쪽에서 파충류의 뇌와 포유류의 뇌를 감싸고 있다. 신피질은 가장 나중에, 그리고 가장 최근에 진화했다. 척추동물인 파충류에게도 신피질은 있지만 그 양은 미미하다. 신피질의 양은 파충류보다 포유류에게 더 많고, 인간은 포유류에 비해 확연히 많은 양을 가지고 있다. 진화적 관점에서도 신피질은 뇌의 가장 발달된 부위이다. 발달한 신피질은 고도의 정신 기능은 물론 창조 기능 등 인간만이 갖는 능력을 발휘하도록 돕는 뇌 영역이기에 '인간의 뇌' 또는 '이성의 뇌'라고 불린다. 인간의 뇌는 단순한 학습과 기억을 넘어 아직 오지 않은 '미래'를 생각할 수 있는 능력을 지녔다. 인간은 눈앞에 당장의 이득이 있더라도 손해를 보게 될 미래를 걱정해서 만족을 지연시킬 줄 안다. 이는 인간의 두뇌 기능으로 인한 능력이다.

○○　　기억의 확장, 미래 기억

앞날을 상상하고 해야 할 일을 기억하는 것. 생각해보면 삶은 이런 순간이 모여 구성된다. '기억한다'는 것은 일반적으로 시간상 과거에 발생한 경험을 떠올리는 것을 의미한다. '그날 무슨 일이 있었더라?' 하고 회상recall해보는 기능과 '아, 그날 그런 일이 있었지' 하며 이를 떠올릴 수 있는 재인recognition 기능을 아울러 기억이라 한다.

그런데 우리는 지난 일만 기억하는 것이 아니다. 오히려 나중에 해야 할 일, 내일 있을 일, 그리고 미래에 이루어야 하는 일을 훨씬 더 많이 기억하며 산다. 했던 일만 기억하는 것이 아니라 해야 할 일을 더 많이 기억하는 것이다.

정해진 시간에 약을 먹는 일이나 친구와 한 약속을 기억해 약속 장소에 나타나는 것처럼 앞으로 해야 하는 활동에 초점을 맞춘 기억을 심리학에서는 '미래 기억' 또는 '미래 계획 기억prospective memory'이라고 한다. 그동안 심리학은 '과거 경험 기억retrospective memory'을 주로 연구해왔다. 그러나 최근에 실제적이고 일상적인 기억의 중요성이 강조되면서 '미래 기억' 연구도 활발해지고 있다.[36] '기억'에 포함된 시간이 과거뿐 아니라 미래까지 확장된 것이다.

미래 기억은 미래에 있을 일을 단순히 기억해내는 것뿐 아니라 계획한 일을 적절한 시기에 떠올려 차질 없이 수행해내는 것을 의미한다. 할 일을 제때 '기억해내는' 것은 삶이 잘 기능하도록 하는 결정적이고 실제적인 요인이다.

일상에서 미래 기억에 해당하는 정보는 비교적 단순한 것이 대부분이지만, 그것을 실행하기란 그렇게 쉽지만은 않다. 기억을 제때 떠올리지 못해 계획에 차질이 생기는 일은 생각보다 비일비재하다. 우리는 매우 자주 약속에 늦거나 해야 할 일을 잊어버리곤 한다. 이런 차질이 발생하는 이유는 기억을 제때 떠올려 실천하기까지 보이지 않는 노력을 해야 하기 때문이다. 잊지 않기 위해 마음을 곤두세워 신경을 써야 하고 틈틈이 생각해야 한다. 그래서 미래 기억은 실행 동기가 약할수록 잊어버리기 쉽고 행동으로 옮기기까지 만만찮은 노력이 든다. 미래 기억이 행동으로 잘 이어지느냐 마느냐는 순전히 자신의 기억력과 실행력에 달려 있다.

보상도 기억을 강화하는 중요한 요소다. 가령 연인과의 데이트나 휴가 같은 즐거운 보상이 있는 일은 잊으려야 잊을 수 없는 미래 기억이고 공과금 납부나 가기 싫은 수업같이 저항이 큰 사건은 나도 모르는 사이 까맣게 잊어버리곤 한다.

○○　　미래 기억의 단서들

미래 기억은 사건 의존적event-based 미래 기억과 시간 의존적time-based 미래 기억으로 구분된다.[37] 두 기억의 차이는 기억을 떠올리게 하는 단서가 특정 사건이냐, 정해진 시간이냐에 있다.

가령 엄마의 얼굴을 보고서야 아빠에게 전화 온 사실이 떠올라 전해드리는 경우나 저녁 식사를 마치자 약 먹는 일이 생각나는 것처럼, 어떤 사건이 일어나면 어떤 행동을 하겠다고 의도하는 형태의 기억이 사건 의존적 미래 기억이다.

반면 10분 뒤에 가스 불을 꺼야 하는 경우나 일주일 뒤에 있을 미팅을 기억해야 하는 일처럼 일정 시간이 되면 정해진 행동을 하겠다고 의도하는 형태의 기억이 시간 의존적 미래 기억에 해당한다.

물론 사건이 발생하거나 시간이 흐르더라도 결국은 자발적으로 계획했던 일을 기억해야 한다는 점은 같지만, 사건 의존적 기억은 외부 단서에 의지하기 때문에 능동적인 성격이 약한 반면 시간 의존적 기억은 실행하기까지 비교적 더 많은 노력이 든다.

미래 기억의 단서로 작용하는 외부 사건이나 사물은 기억과 연결 고리가 강하고 자연스럽다. 밥을 먹고 난 다음 약을 먹어야 하는 미래 기억이 있다고 가정할 때 밥을 먹는 행동과 약을 먹는 행동은 크게 이질적이지 않다. 주유소를 발견하자 차에 기름을 넣기로 한 미래 기억을 떠올리듯 단서와 기억은 서로 연관성이 깊으며 대체로 주변 맥락과 연결되어 있다. 사건이나 사물이 미래 기억의 결정적인 실마리가 되어주는 것이다.

하지만 30분 뒤에 해야 할 일, 이틀 뒤 약속과 같은 미래 기억은 시간의 변화 외엔 기억을 돕는 외부 요인이 없기에 기억해내려면 꽤 신경을 기울여야 한다. 그래서 시간 의존적 미래 기억은 사건 의존적 미래 기억에 비해 실행에 옮기기가 어렵다.

사람들은 일반적으로 사건 의존적 미래 기억을 더 잘 수행하는 경향이 있고, 시간 의존적 미래 기억을 잊는 경우가 많아서 기억을 암시해줄 사건을 활용하기도 한다.[38] 수업이 끝나면 통화를 하기로 한다거나, 약이 하루 분량 남았을 때 병원을 가기로 한다거나, 퇴근 후 운동하러 가는 일을 잊지 않기 위해 현관에 운동복을 걸어둔다든가 하는 것이다.

○○　기억의 진짜 중요한 임무

미래 기억은 무척 일상적이어서 그다지 특별할 것 없는 개념처럼 느껴지기도 한다. 내일을 고려한 오늘의 삶, 조금 이따 해야 하는 일을 염두에 두는 것은 인간의 너무도 당연하고 자연스러운 패턴이다. 그러나 이 너무도 당연하고 자연스러운 인간의 행동 패턴이 사실은 끊임없이 미래 기억을 실천하며 사는 인간의 노력이고 능력이었다.

우리는 미래를 사는 동물이다. 만약에 이러한 과학적인 질문과 체계적인 연구가 없었다면 우리는 인간의 기억이 내일을 향해 기능한다는 사실을 잊거나 모른 채 살았을지도 모른다.

기억은 과거를 그저 서랍 속에 넣어 보존하기 위해서만 존재하는 것이 아니다. 기억은 우리 경험을 새롭게 재구성해 미래의 삶을 풍성하게 만드는 일에 기여한다. 기억의 진짜 중요한 임무는 미래를 계획하고 우리의 나중 행동을 준비하기일 수도 있다. 생각해보면 우리가 더 잘 해야 하는 기억은 과거 기억이 아니라 미래 기억이지 않을까? 어제 먹은 점심 메뉴보다 내일 나가야 할 약속 장소를 더 잘 기억해야 하는 것처럼 말이다.

나는 어느 시간에 살고 있을까

과거, 현재, 미래를 대하는 마음

○○

어떤 시간조망을 가졌느냐에 따라 과거, 현재, 미래를 바라보는
마음의 형태가 달라진다.
또한 시간조망에 따라 자신에게 가장 중요한 사건, 경험, 기억이
각자 다르게 재구성된다.
조금 과장하면 시간에 대한 태도, 즉 시간을 보는 마음의 눈은
사람의 생각과 감정, 그리고 행동을 포함한
우리 삶의 꽤 많은 면을 반영한다.

시간은 세상을 인식하는 창이다. 우리 마음은 시간이라는 틀로 세상을 바라본다. 과거와 현재, 미래라는 개념은 우리 마음이 '시간대' 또는 '시점'을 이해하는 하나의 관점이다.

누구에게나 과거를 돌아보는 마음, 현재를 대하는 마음, 미래를 바라보는 마음이 있지만, 사람마다 그 시간대를 인식하는 방식은 다르다. 예컨대 현재가 더 중요하다고 확신하는 사람이 있는가 하면 미래를 위해 현재를 희생하는 편이 현명하다고 판단하는 사람도 있다. 한편, 과거에 있었던 일을 생각하는 데 많은 시간을 쏟고 사는 사람도 있다. 이처럼 모두에게 동일하게 주어진 시간이라도 그것을 대하는 마음은 각자 다르다.

우리가 과거와 현재, 미래라는 각 시점을 대하는 마음, 인식하는 방식을 가리켜 '시간조망time perspective'이라고 한다. 시간조망은 특정 시간대에 자기 마음을 어느 정도 배당하는지, 즉 각 시간대에 얼마나 마음을 쏟는지를 설명해주는 심리학 용어다.

미국 스탠퍼드대학교 심리학과 명예교수인 필립 짐바르도

Philip Zimbardo는 시간에 대한 가치관과 태도, 기억이나 선택 같은 여러 심리학적 견해에 근거해 크게 다섯 가지 시간조망을 제안했다. 다섯 가지 시간조망은 '과거 부정past negative', '과거 긍정past positive', '현재 쾌락present hedonistic', '현재 숙명present fatalistic', 그리고 '미래 지향future orientation'이다. 짐바르도가 제안하는 다섯 가지 시간조망은 각각 나름의 장단점을 지니고 있다.

○○　다섯 가지 시간조망 유형

'과거에 한 행동을 자주 후회하는 편이다', '과거에 한 실수 중 지워버리고 싶은 일들이 많다' 같은 말에 전적으로 동의한다면 과거를 부정적으로 인식한다고 볼 수 있다. 이런 마음은 '과거 부정적 시간조망'에 해당한다. 지난 시간을 부정적으로 바라보는 이유는 과거에 실제로 불쾌한 사건을 경험했기 때문일 수도 있지만, 평범한 사건을 부정적으로 재구성했기 때문일 수도 있다. 자신의 지난날을 스스로 아프게 만들다보니 자존감이 낮아지기도 한다. 하지만 과거 부정적 시간조망이 높은 사람은 무엇이든 신중하게 결정하는 편이고 실수를 줄이기 위해 노력할 줄 아는 특성도 지녔다.

인생 전체를 놓고 볼 때 과거에는 나쁜 일보다 좋은 일이 더 많았다고 판단한다면 과거를 긍정적으로 바라보는 사람이다. 이런 마음은 '과거 긍정적 시간조망'이다. 과거 긍정적 시간조망을 지닌 사람들은 좋은 시절의 추억을 쉽게 떠올린다. 과거에 대한 긍정적인 마음은 지난날의 역경에서 최선을 끌어내는 낙천적인 태도에서 비롯된다. 이들은 아픈 경험도 아름답게 재구성하며 스스로를 행복한 사람이라고 평가한다. 과거 경험이 중요하고 예식이나 전통을 고수하며 보상에 민감해 다른 무엇보다 경제 활동에 신중한 편이다. 지난날에 높은 가치를 두기 때문에 변화에 소극적이고 보수적인 성향을 보인다.

당장의 즐거움과 만족을 지향하는 것은 현재 쾌락적인 사람의 특성이다. 이런 마음을 '현재 쾌락적 시간조망'이라고 한다. 모험심이 강하고 쾌활하지만 고통이 따르는 일은 피하고 싶어 한다. 창의적이고 열정적이며 가끔은 충동적인 행동을 보이기도 한다. 삶에는 늘 적잖은 자극이 필요하다고 생각하면서 하루하루를 사는 데 만족하는 마음을 지녔다. 현재 쾌락적 시간조망이 높은 사람은 순간의 흥분에 휩쓸려 의사결정을 해버리는 성향이 높아 실수가 잦거나 잘못된 결과 앞에 놓이곤 한다. 삶에 활력이 필요하다는 생각에 사로잡혀 무모한 시도와 결정, 경제 사정을 고려하지 않은 즉흥적인 소비도 서슴없이 한다. 누군가 "내일 시험이 걱정돼 잠 못 이루는 사람을 이해하기 어렵다"고 말한다면, 그가 바로 현재 쾌락적 시간조망형 인간이다.

'현재 숙명적 시간조망'의 마음은 어떨까? 세상을 운명론적으로 바라보기 때문에 일어날 일은 반드시 일어나게 되어 있다는 생각이 기본을 이룬다. 따라서 현재 숙명적 시간조망을 가진 사람은 자기 삶을 스스로 통제하기 어렵다고 믿는다. 세상 일이 노력보다는 운이나 상황, 타고난 환경 등으로 결정된다고 생각하기에 삶을 희망적이거나 낙관적으로 대하지 않는 편이다. 이들은 세상뿐 아니라 자기 자신도 냉소적으로 바라보기 때문에 비교적 관점이 객관적이고 정확하다. 자신의 능력을 결코 과신하거나 과장하는 법이 없다. 헛된 꿈을 꾸지 않아서 노력에 따른 결과를 순순히 받아들이는 편이다. 성실하고 정직하며 경거망동일랑 없는 차분한 성품을 지닌 사람이라면, 그는 현재 숙명적 시간조망형 인간일 가능성이 높다.

'미래 지향적 시간조망'을 가진 사람은 과거나 현재보다 미래에 높은 가치를 둔다. 이들은 과거가 힘들었고 현재가 고단해도 더 나은 미래를 위해 인내할 만하다고 말한다. 또한 당장은 소득이 없어도 미래에 보상이 있으리라 믿는 마음 덕에 성실하고 변함없는 태도를 유지한다. 이들은 사회가 요구하는 바람직하고 긍정적 태도를 지닌 경우가 많다. 단, 미래 지향적 시간조망이 높은 사람은 노력에 따른 보상을 중요하게 생각하는 면 때문에 주변으로부터 계산적이라는 평가를 받기도 한다. 뿐만 아니라 큰 변화에는 소극적이거나 비판적이고 결과를 짐작할 수 있는 결정만 내리려는 경향이 있다. 즉, 안정적이고 신뢰할 수 있는 환경만을 지향한다. 미래 지향적 시간조망이 높은 사람은 일을 쉽게 내일로 미루거나 지극히 현재 쾌락적 시간조망을 지닌 사람을 이해 못 하겠다는 듯한 태도를 보이기도 한다.

인간은 짐바르도가 제안하는 다섯 가지 시간조망 유형으로 완벽하게 구분되는 것은 아니다. 우리는 대부분 두세 가지의 시간조망을 상호보완적으로 보유하며, 그것은 상황에 따라 또는 인생 흐름에 따라 변하고 발전하기도 한다. 예컨대 어린 시절에는 '현재 쾌락적 시간조망'의 마음이 많다가 청소년기와 성인기에는 '미래 지향적 시간조망'의 마음으로 사는 경우가 흔하다. '과거 부정적 시간조망'의 마음은 인생에 큰 변화의 바람이 불어 닥쳤을 때 생기는 일시적인 마음인 경우가 많다. 은퇴 이후에는 '현재 쾌락적 시간조망'이 행복한 삶을 유지하는 데 큰 기능을 한다. 사람마다 성격에도 장단점이 있듯이 시간조망 또한 언제 어떻게 발현되는가에 따라 장점이 되기도 하고, 단점이 되기도 한다.

○○　　2030 직장인의 시간조망

최근에 나는 20대에서 50대까지의 직장인들을 대상으로 시간조망을 조사하고 분석했다.[39, 40] 시간조망을 바탕으로 오늘날 직장인들의 마음을 여러 각도에서 탐색하는 연구였다. 현재 정서 상태와 행복감을 느끼는 정도는 물론 삶의 만족도와 세상을 바라보는 가치관을 세대별로 분석해 각 세대가 느끼는 대표적인 마음을 이해해보는 것이 연구의 목적이었다.

연구에 참여한 참가자는 연령별로 고루 분포되어 있었지만, 여성 참가자 비율은 전체의 35퍼센트 미만이었고 모든 연령대에서 여성 직장인 수가 남성 직장인 수에 비해 적었다. 그중 20대 직장인은 남녀 비율이 비슷했고 30대와 40대, 50대로 갈수록 여성 직장인 수가 크게 줄어들었다.

조사는 참가자들이 시간조망, 주관적인 경제 수준, 삶의 만족도, 정서 상태, 그리고 전반적인 행복지수를 측정하는 여러 문항에 응답하는 형태로 진행했다. 세대별로 분석한 연구 결과는 꽤 흥미로웠다.

우선 평균 연령 26.5세의 사회초년생에 해당하는 20대의 주된 시간조망은 '과거 부정적 시간조망'과 '미래 지향적 시간조망'이다. 부정적인 정서보다는 긍정적인 정서가 많은 상태이며 삶의 만족도는 30대와 40대에 비해 두드러지게 높고, 전반적인 행복지수도 상대적으로 높다. 아직 주관적인 경제 수준이 높은 편이 아니지만, 이 또한 30대가 느끼는 마음보다는 높다. 크게 불만이 없다는 의미다. 연구에 참여한 20대 직장인은 이제 막 시작한 사회생활에 적응하고 싶은 마음이 컸다. 불안하고 힘들었던 취업 준비

시기를 지나 취직에 성공하고 직장 생활 평균 3년차에 접어드는 지금이, 몸은 힘들지라도 마음만큼은 만족스러운 것이다. 취업에 성공했듯이 앞으로 사회생활도 잘 해낼 수 있으리라는 믿음이 미래 지향적 시간조망으로 드러난다. 20대 직장인이 과거 부정적 시간조망을 보이는 이유는 현재의 삶에 신중을 기하려는 마음에 영향을 받았기 때문일 수도 있지만, 지난 고용 불안 시기가 힘들고 괴로웠기 때문일 수도 있다. 비교적 긍정적이고 행복한 마음이 담긴 결과다.

30대의 마음을 분석한 결과는 20대를 분석한 결과와는 전혀 다르다. 30대 직장인이 가장 마음을 두지 않는 시간조망은 '미래 지향적 시간조망'이다. 다른 모든 세대에 비해 불행하다고 느꼈고 부정적인 정서가 높았으며 삶의 만족도도 가장 낮았다. 주관적 경제 수준은 20대에 비해 오히려 떨어져버렸다. 30대는 '현재 숙명적 시간조망'이 가장 높았다. 직장 생활 평균 5년에서 10년에 접어드는 이들은 사회와 회사 생활에 실망하고 무기력해진 마음 상태에 놓인 것으로 보였다. 자기 삶을 스스로 통제하기 힘들다고 생각할 뿐 아니라 미래를 막막해했다. 열심히 일해도 경제적으로 나아지지 않음을 실감하는 듯 20대에 비해 주관적 경제 수준이 많이 낮았고 불안감은 높았다.

90퍼센트 이상이 기혼자에 해당하는 40대 직장인의 마음은 어떨까? 40대는 '과거 긍정적 시간조망'과 '현재 숙명적 시간조망'의 마음을 보였다. 사회생활에 체념하고 적응한 듯, 현재 숙명적 시간조망의 마음이 높을수록 행복지수와 삶의 만족도가 동시에 커졌다. 30대의 주요 마음 상태가 '실망'과 '무기력'인데 반해, 40대는 행복에 대한 생각이나 가치관이 사회와 타협을 이룬 듯 보였다. 40대 직장인들은 '돈에 대한 걱정'이 가장 두드러진 세대였다. 이들은 경제력이 미래의 행복을 결정한다고 믿었고, 더 나은 삶이란 경제적으로 더 안정된 삶이라고 생각했다. 이들은 대부분 10대 자녀를 두고 있었는데, 경제적인 걱정은 곧 자녀 양육과 교육에 관한 걱정과 직결됐다. 이들에게 '현재 쾌락적 시간조망'의 특성이 크게 낮은 이유는 충실한 직장 생활과 안정적인 수입이 현재 가장 중요한 이슈이기 때문은 아닐까. 즉흥적인 행복의 추구는 다른 세상 이야기인 듯 저만치 접어둔 모습이었다.

50대 직장인들의 마음은 20대, 30대, 40대와는 많이 다르다. 우선 50대 직장인들은 '경제력'에 그다지 큰 가치를 두지 않았다. 행복하기 위해서는 경제적인 측면이 만족스러워야 한다고 생각하는 30대나 40대와는 너무 달랐다. 50대의 두드러진 시간조망은 '과거 긍정적 시간조망'과 '미래 지향적 시간조망'이다. 보수적이면서도 성과 위주의 패턴에 익숙해진 마음 특성이 시간조망에 반영된 결과다. 다른 세대와는 달리 긍정적인 정서도 크고, 전반적인 행복지수와 삶의 만족도도 높았다. 연구에 참여한 50대 직장인들은 직장에서 인정받고 사회적으로도 비교적 성공한 사람들이다. 즉, 어느 세대보다 경제적인 안정을 누리고 있었으며, 자신의 젊은 날에 기울인 노력에 대해 긍정적인 마음, 특별한 자부심이 있어 보였다. 젊은 시절 고생한 만큼 앞으로의 삶이 꽤 괜찮을 것이라 믿었다. 50대의 마음을 분석하면서 특히 여성 직장인 데이터 수가 극히 적다는 점이 인상적이었다. 연구에 참여한 여성 직장인이 드물고 귀하다는 건 사회적으로 성공한 여성, 특히 50대 이상의 여성이 지극히 드물다는 이야기였다. 더 놀라운 사실은 50대 직장인 여성 80퍼센트가 현재 싱글이었고, 싱글이 아닌 나머지 20퍼센트는 남편보다 연봉과 직급이 높았다.

◌◌　마음이 들려주는 이야기

연구 결과의 해석은 단연 제한적일 수밖에 없다. 연구는 여러 분야의 직장인을 대상으로 진행된 것이 아니었다. 참가자들은 주로 금융계나 증권계를 비롯한 대기업에서 일하는 사람들이었고 직업 만족도가 비교적 높은 직종의 직장인이었다. 게다가 많은 수의 직장인이 연구에 참여한 것도 아니었다. 따라서 연구 결과를 확대해석해 모든 직장인들의 마음이 이러한 패턴이라고 단정 짓기는 어렵다.

또한 연구 결과에 드러난 세대별 특성은 그 세대가 겪은 다양한 사회적인 사건과 문화의 영향으로 인한 것임을 염두에 두어야 한다. 가령 30대 중후반이 느끼는 '미래에 대한 불안감'은 직장 생활 10년 전후에 불가피하게 생기는 마음일 수도 있지만, 이들이 20대 초반에 겪은 외환위기와 같은 사회적인 사건의 영향을 받았기 때문일 수도 있음을 간과해서는 안 된다.

그러나 분명한 점은 어떤 시간조망을 가졌느냐에 따라 과거, 현재, 미래를 바라보는 마음의 형태가 달라진다는 것이다. 또한 시간조망에 따라 자신에게 가장 중요한 사건, 경험, 기억이 각자 다르게 재구성된다는 점이다. 조금 과장하면 시간에 대한 태도, 즉 시간을 보는 마음의 눈은 사람의 생각과 감정, 그리고 행동을 포함한 우리 삶의 꽤 많은 면을 반영한다.

20대의 나름 행복한 마음, 30대의 실망감과 무기력, 40대의 경제적 불안감, 50대의 과거에 대한 자부심.

우리의 마음은 분명 중요한 이야기를 들려주고 있다. 마음이 들려주는 이야기에 메시지가 담겼다는 건 지금 우리의 마음이 어느 곳, 어느 시점에서건 중요하게 기능하고 있다는 뜻이기도 하다.

얻는 것의 반대말은 정말 잃는 것일까

손실과 이익이 마음에 미치는 영향

○○

좋았고 행복했던 순간들만 기억하며 살면 좋을 텐데
우리 마음은 그보다 아팠던 순간을 잊지 못하도록 만들어졌다.
실수나 아픔을 반복하지 않아야 한다는 것은
생존에 필요한 강력한 안전장치다.
뇌는 잃는다는 것을 직접적인 위협으로 인식한다.

딱히 그렇지 않은 적도 없었지만 그때는 유달리 생활고에 시달렸다. 한 달 방세를 해결해주던 과외 아르바이트가 하루아침에 끊긴 건 바로 그 무렵이었다. 살다 보면 그렇게 고단하고 부대낄 때도 있건만 그때 그 나이에는 왜 그렇게 쉽게 스스로를 비관했는지 모르겠다. 당장 쓸 돈이 없다는 게 세상의 낙오자가 된 기분을 느끼게 했다.

속히 아르바이트 자리를 알아봐야 했다. 어떻게 한 달을 살고 방세를 마련해야 할지 막막해하며 통장 정리를 하는데, 낯선 이름으로부터 30만 원이라는 거금이 입금되어 있었다. 무슨 일인지 알 길이 없어 고개를 갸우뚱거리며 곰곰이 생각에 빠진 지 2분 정도 지났을까. 불현듯 이름의 주인공이 떠올랐다. 내가 과외를 하던 학생의 아버지 성함이었다. 아르바이트를 시작할 때 주신 명함에서 본 이름이 기억난 것이다. 매달 5일에 학생 어머니께서 어머니 성함으로 과외비를 입금해주시면 곧장 내가 사는 집주인 아주머니의 계좌로 이체하곤 했었다. 통장에 찍힌 학생의 아버지 성함이 생각나지 않았던 건 그래서였다.

영문을 모르는 돈이니 부랴부랴 지갑에서 명함을 찾아 전화를 드렸다. '갑자기 과외를 그만하게 되어 죄송하다고, 마지막 수업 날에 챙기려 했는데 만나질 못해 못 드렸다고, 퇴직금이라 생각하고 받으시라고, 얼마 안 된다고, 그간 감사했다고……' 자상한 학생의 아버지가 보내주신 사려 깊은 돈이었다. 감사 인사를 거듭 드리고 전화를 끊은 나는 무슨 생각이었는지 그 길로 돈을 현금으로 찾아 봉투에 넣었다. 그러고선 들고 있던 책 사이에 봉투를 꽂고 오후 수업에 곧장 갔다.

원래 없었던 돈이라고 생각하면 마음이 좀 나아졌을까. 세상에, 나는 그날 그 돈을 봉투째 잃어버렸다. 잃어버렸다는 사실도 늦은 저녁에 집에 와서야 알았다. 돈 봉투를 도대체 어디다 흘렸을까. 아니면 무심히 책상 위에 책을 올려놓은 탓에 누군가가 손을 댔을까. 원래 받을 돈이 아니었다고 생각하면 될 일이긴 하지만 그땐 얼마나 분통이 터졌는지 모른다. 자책감이 이루 말할 수 없게 컸다. 속이 쓰리고 아파 그날 밤은 잠을 한숨도 못 잤다. 이는 30만 원이 생겼을 때 느낀 감사함이나 기쁨과는 비교도 할 수 없는 강도의 아픔이었다.

얻는 것의 반대말은 정말 잃는 것일까. '얻다'와 '잃다', 이 둘의 강도는 아무리 생각해도 등치되지 않는다. 동일한 척도 상의 양수와 음수 개념이 아닌 것 같다. 기쁨보다는 슬픔이, 안도보다는 불안이 훨씬 세게 느껴지고, 이해보다는 오해가, 사랑보다는 원망이 훨씬 더 깊게 느껴지지 않는가. 마찬가지로 무엇인가를 얻는 것보다 잃는 것이 훨씬 더 크게 와 닿는다. 긴 시간이 흘렀지만 나는 아직 그때를 떠올리면 속이 쓰리다.

○○ 시간을 느끼는 마음

'시간을 느낀다'는 것은 참 재미있는 일이다. 얼마나 지루해하고 있는지, 얼마나 바쁜지, 얼마나 잠을 잘 잤는지, 얼마나 딴 생각을 했는지, 얼마나 나이가 들었는지에 따라 시간은 희한하게 늘어나기도 하고 줄어들기도 한다.

인간은 시간을 판단하는 데 믿기 어려울 정도로 뛰어난 능력을 가졌다. 특히 짧은 간격의 시간 판단은 대단히 정확한 편이다. 예컨대 몇 초 간격의 짧은 시간은 실제 시간과 거의 다르지 않게 정확히 셈을 해내고, 박자나 리듬의 변화도 아주 쉽게 감지해낼 수 있다. 어느 사건이 더 오래된 사건인지 잘 알고, 흐른 시간의 양도 잘 맞추는 편이다. 잠깐 잠을 자다가 눈을 떴을 때 '아, 한 시간쯤 잔 것 같아' 하면 대개 그 정도의 시간이 흘러 있다. 시간을 인식하는 능력은 우리 마음에서 쉽게 손상을 입지 않는 튼튼한 능력에 해당한다. 그만큼 생존과 직결되어있는 필수적인 능력이다.

한편으론 시간만큼 우리 삶 곳곳에 침투해 있는 환상도 없다. 휴대전화로든, 손목에 찬 시계로든 언제 어디서건 수시로 체크하는 것이 시간인데도 반드시 일정하게 흐르지 않은 것이 또 시간이다.

'시간을 느낀다'는 말을 쓴 건 그래서다. 느낀다는 것은 다분히 주관적이라는 의미인데, 시간을 느끼는 일만큼 주관적인 경험도 없을 것이다. 길었다가 짧았다가, 빨랐다가 느렸다가, 어떨 땐 멈춘 듯 느껴지는 시간들. 퇴근 시간이 2시간 남았다고 가리키는 시계는 20시간도 더 남은 것 같은 내 느낌과 괴리가 너무 크다. 월, 화, 수 3일의 길이와 금, 토, 일 3일의 길이는 거의 천국과 지옥 차이다.

시간을 실제 시간과 다르게 느끼도록 하는 조건들은 아주 다채롭다. 지루하고 따분한 강의 시간은 도저히 끝이 날 것 같지 않고, 힘들게 얻은 휴가 3일은 빛의 속도로 사라지는 게 '마음의 시간'이다. 정서에 따라 달라지기도 하고, 집중하거나 딴생각을 할 때에도 달라진다. 우리는 매 순간 시계가 가리키는 시간을 사는 것이 아니라 주관적 시간, 즉 마음의 시간으로 인생을 산다. 따라서 손해를 보거나 이득이 있을 때 마음의 시간도 당연히 달라질 것이라 예상할 수 있다.

○○　'아직'과 '벌써'의 차이

우리는 무엇인가를 잃게 되면 불안해하거나 고통스러워한다. 손해를 입으면 화도 나고 짜증스럽다. 반면 무엇인가를 얻으면 즐겁고 만족스럽다. 손실의 경험이나 이익의 경험이, 또는 손실과 이익으로 인해 느끼는 기분이 우리 마음의 시간에 구체적으로 어떤 영향을 미칠까?

나는 실험 참가자 83명을 대상으로 변화하는 마음의 시간을 측정했다.[41] 실험 참가자는 컴퓨터와 게임을 벌이게 된다. 컴퓨터 화면에 뒤집어진 카드 다섯 장 중 한 장의 카드를 선택하는데, 참가자가 선택한 카드와 컴퓨터가 제시하는 카드를 비교해 숫자가 큰 쪽이 이기는 게임이다. 게임을 시작하기 전에 연구자는 실험 참가자들에게 현금이 든 봉투를 내밀었다. 게임에서 이기면 상금으로 현금을 가지게 될 것이고, 게임에서 지면 봉투를 다시 반납해야 한다는 조건을 달았다. 실험 참가자들은 게임을 시작도 하기 전에 기분이 좋아 보였다. 보상은 존재만으로 기쁘게 하는 모양이다.

10회 게임으로 승패를 가르도록 했지만, 게임은 사실 참가자만 모르게 조작되어 있었다. 조작된 게임은 단순했다. 83명 중 41명은 컴퓨터에게 무조건 이기게 되어 있지만, 42명은 패배의 쓴맛을 보도록 만들어져 있었다. 이득 집단은 현금 봉투를 손에 넣지만, 손실 집단은 현금 봉투를 잃게 되는 것이다.

진짜 실험은 게임의 승패가 결정된 그 순간부터였다. 게임이 끝나자마자 모니터에 한 가지 지시 사항을 띄웠다. 이제껏 게임한 모든 장면을 저장하고 결과를 분석하기까지 시간이 5분 정도 소요되므로, 실험실을 나오지 말고 5분이 지났다고 판단하는 시점에 버튼을 누른 후 밖에서 대기 중인 연구자를 호출하라는 내용이었다. 게임 결과에 따라 현금 봉투를 도로 반납하거나 가질 수 있음을 아는 상태에서 참가들에게 주어진 '5분'이라는 시간이 어떻게 달라지는지를 측정하고자 한 것이다.

실험 참가자는 모두 동일하게 5분을 대기해야 했지만, 현금 봉투를 가질 수 있느냐 아니냐에 따라 마음의 시간은 달라졌다. 손실을 경험한 참가자들은 평균 3분 13초가 지났을 때 5분이 지났다며 연구자를 불렀고, 이득을 경험한 참가자들은 6분 6초가 지났을 무렵 5분이 됐다며 버튼을 눌렀다. 한 그룹은 분통 터지는 5분을, 또 한 그룹은 흡족한 5분을 보낸 것이다.

우리가 흔히 말하는 '시간이 빠르다'거나 '느리다'는 표현은 어떨 때 쓸까. 예컨대 지금쯤이면 오후 3시는 됐을 것이라 예상했지만 시계를 봤더니 2시 반을 가리키면 "시간이 느리다. 아직도 2시 반이야"라고 한다. 반대로 오후 3시라 예상하고 시계를 봤는데 3시 반을 가리키면 "시간 빠르다. 벌써 3시 반이야"라고 한다. '3시'를 예상하고 시계를 보았지만, 예상과 다른 시간을 확인하고

선 전자는 시간이 느리다고 말하고, 후자는 시간이 빠르다고 말한다.

손실 상황의 시간 느낌과 이득 상황의 시간 느낌을 비교해보자. 손실을 경험한 참가자들은 5분이 지났다고 생각했지만 실제로는 아직 3분 13초 밖에 지나지 않았다. 내가 느낀 시간, 주관적 시간은 5분이고, 시계가 가리키는 실제 시간, 객관적 시간은 3분 13초다. 반대로 이익을 본 참가자들은 5분이 지났다고 생각했지만 실제로는 이미 6분도 넘게 지나 있었다. 내가 느낀 주관적 시간은 5분인데, 객관적 시간은 6분 6초를 가리켰다.

실험실을 나올 때 연구자가 알려준 객관적 시간, 즉 시계가 가리키는 시간을 듣자 손실 집단은 "아직 5분 안 됐어요? 시간 느리다"라고 했고, 이익 집단은 "벌써 6분이 넘었다고요? 시간 빠르다"는 반응을 보였다.

이렇게 우리가 예측하는 주관적 시간과 시계가 가리키는 객관적 시간의 차이를 '시간 판단 비율'이라는 개념으로 설명할 수 있다. 시간 판단 비율은 주관적 시간 대비 객관적 시간으로 계산한다. 만약 시간 판단 비율이 '1'이면, 내가 생각한 시간과 시계가 가리키는 시간이 동일한 것이다. 그러나 우리 마음의 주관적 시간은 객관적 시간과 다르기 마련이므로 시간 판단 비율이 1보다 작은 경우와 1보다 큰 경우가 생긴다.

손실 집단의 시간 판단 비율은 '3분 13초 나누기 5분'으로 1보다 작다. 이때 흔히 우리는 '시간이 안 간다'거나 '느리게 간다'고 느낀다. 내 마음은 한 시간은 된 것 같은데 30분도 안 지났음을 확인하는 경험들, 지루한 강의를 들을 때가 이때다. 주로 시계를 확인하면 우리말 부사 '아직'이 입에서 튀어나온다.

"아직 점심시간 멀었어?"

반대로 이익 집단의 시간 판단 비율은 1보다 크다. 5분이 지났으리라 예상했으나 실제로는 6분 6초가 지나 있었다. 그렇다면 시간 판단 비율은 '6분 6초 나누기 5분'으로 1보다 커진다. 만난 지 한 시간쯤 지난 것 같은데 실제로는 2시간이 흘렀을 때 우리 입에서는 '벌써'라는 말이 새어나온다.

"벌써 점심시간이 끝났어?"

○○ 소유 효과와 손실 혐오

촉망받는 화가의 그림 한 점을 10만 원에 샀다고 상상해보자. 이후 그 화가는 실제로 유명해졌으며 예전에 산 그림이 지금은 100만 원의 가치가 있다. 만약 그 그림을 판다면 최소 얼마에 팔아야 마음이 흡족할까? 또한 수준이 비슷한 그림을 사기 위해 얼마나 지불할 용의가 있을까?

사람들은 대부분 내가 가진 그 그림을 팔아야 한다고 하면

100만 원보다 훨씬 더 큰 금액을 부른다. 그런데 이상하게 비슷한 수준의 그림을 사야 한다고 하면 100만 원보다 더 낮은 가격을 부른다. 그림의 객관적인 가치나 시장 기준을 떠나 단순히 내가 가진 그림이냐, 아니냐가 가격을 결정하는 핵심적인 역할을 하는 것이다. 이런 현상을 '소유 효과endowment effect'라 한다. 소유 효과는 2017년 노벨 경제학상을 받은 행동경제학자 리처드 탈러Richard H. Thaler 연구진이 1990년에 발표한 연구로 널리 알려졌다.[42] 연구진 중에는 2002년 노벨 경제학상을 수상한 심리학자 대니얼 카너먼 Daniel Kahneman도 포함되어 있다.

실험 참가자 중 일부에게만 꽤 괜찮은 머그잔을 선물로 나누어주고 머그잔을 가진 쪽에 판매자 역할을, 머그잔을 받지 못한 쪽에는 구매자 역할을 맡게 해 각각 머그잔의 적정 가격을 책정하게 했다. 그 결과 판매자 쪽 참가자는 평균 7달러를, 구매자 쪽 참가자는 평균 3달러를 적정 가격이라고 매겼다. 자신이 머그잔을 소유했다는 이유만으로 가격을 두 배 이상 높게 평가한 것이다. 소유 효과는 어떤 물건이 내 것이 되기만 하면 그것에 대한 심리적 가치까지 올라가는 현상이다. 다른 사람 입장에서 볼 때는 얼토당토않은 금액이지만 소유한 사람은 당당히 요구하는 경우가 종종 생긴다. 이는 그가 상대방을 놀리려고 그러는 게 아니라 정말 그 정도의 가치가 있다고 믿기 때문인 것이다.

물건에는 분명 객관적인 가치를 토대로 매긴 적정 가격이 존재한다. 그러나 어떤 판매자는 흔히 물건의 객관적 값어치에 자신의 애착을 추가해 가격을 매기곤 한다. 사람들은 자신이 소유한 물건을 과대평가하는 경향이 있다. 소유 효과 때문에 물건 소유자가 평가하는 가치와 합리적 평가 사이에 차이가 생기는 것이다.

소유 효과는 주변에서 흔히 목격된다. 집을 팔려고 내놓는 사람들은 자기 집의 가치를 시세보다 높게 매겨 내놓는다. 중고차를 내놓는 사람들도 자기 차의 가치를 사려는 사람들보다 훨씬 높게 평가한다.

카너먼과 탈러는 이득보다 손실에 훨씬 민감한 인간의 특성 때문에 소유 효과가 나타난다고 보았다. 손실을 과대평가하는 성향을 일컬어 '손실 혐오loss aversion'라고 한다. 머그잔을 얻는 이익보다 잃게 되는 손실을 훨씬 더 크다고 느끼는 것이다. 즉, 같은 크기의 기대 손익일지라도 이익에 따르는 기쁨보다 손실에 따르는 괴로움을 훨씬 더 강하게 느낀다.

앞서 등장한 실험의 경우, 게임 결과에 따라 현금 봉투를 소유하거나 반납하는 조건임에도 실험 참가자들은 이미 봉투를 소유한 것처럼 느꼈다. 이로 인해 그것을 잃게 되자 마치 자신이 소유한 돈을 빼앗긴 것처럼 짜증내고 불쾌해했다. 이들에게 손실 혐오를 대입할 수 있을까?

이익 집단이 느낀 5분과 6분 6초의 차이보다는 손실 집단이 느낀 5분과 3분 13초의 차이가 더 크다. 이익을 본 경우보다 손해를 본 경우 마음이 느낀 시간 차이가 더 크므로 손실 혐오를 뒷받침하는 근거로 볼 수 있다. 그러나 이보다 더 중요한 단서는 두 집단이 보여준 표준편차의 차이다.

표준편차는 데이터들이 얼마나 평균 주변에 모여 있는지를 알려주는 지표다. 표준편차가 크다는 것은 데이터들이 평균 주변에 덜 모여 있음을 뜻하고, 표준편차가 작다는 것은 그만큼 데이터들이 평균 주변에 많이 모여 있다는 의미다.

실험 결과를 살펴보니 손실 집단의 표준편차에 비해 이익 집단의 표준편차가 훨씬 컸다. 심지어 손실 집단의 표준편차는 매우 작았다. 이는 손실을 경험한 거의 모든 참가자가 3분 13초 무렵에 5분 종료 버튼을 눌렀지만, 이익을 경험한 참가자들은 개인마다 차이가 있었다는 이야기다. 이익 집단의 경우, 어떤 참가자는 기뻐서 시간 가는 줄 모르기도 했고, 어떤 참가자는 현금 봉투를 획득한 일이 큰 기쁨이 아니기도 했다는 증거다. 반면 현금 봉투를 반납해야 하는 손실 집단은 누구나 예외 없이 괴로움과 짜증을 느꼈다. 그 불쾌감이 주관적 시간과 객관적 시간의 괴리로도 나타났다.

실험을 통해 손실이 가져다주는 불안과 노여움은 우리의 시간마저 왜곡시킨다는 것을 알 수 있다. 다시 말해, 손실 집단의 표준편차가 이익 집단의 표준편차에 비해 작다는 건 이익의 경험보다 손실의 경험이 훨씬 더 우리 마음에 강력하게 작용한다는 의미

다. 이처럼 손실 혐오는 우리가 시간을 느끼는 방식에도 영향을
미친다.

◦◦ 손실이 더 아픈 이유

손실 혐오의 마음을 인간관계에 적용하면 가슴 아픈 결과를
맞이하게 된다. 상대에게 99퍼센트 만족했더라도 1퍼센트가 어
긋나면 우리는 쉽게 실망한다. 직장 생활을 하다 보면 수백 번 잘
했어도 한 번 실수로 평가 점수가 깎이는 경험을 하곤 한다. 기쁘
고 행복했던 나날들도 많지만, 그런 순간들은 금방 잊힌다. 반면
에 아팠던 경험, 잃었던 순간은 평생 간다.

좋았고 행복했던 순간들만 기억하며 살면 좋을 텐데 우리 마
음은 그보다 아팠던 순간을 잊지 못하도록 만들어졌다. 실수나 아
픔을 반복하지 않아야 한다는 것은 생존에 필요한 강력한 안전장
치다. 뇌는 잃는다는 것을 직접적인 위협으로 인식한다. 즉, 인간
이 가진 소유 효과나 손실 혐오는 스스로를 지키기 위한 마음에서
비롯된 것이다. 문제는 우리가 가진 마음 자체가 아니라 이런 상
황을 너무 과민하게 받아들이거나 다른 사람의 마음을 이해하려
하지 않을 때 생긴다.

인간의 욕심 많고 이기적인 본성이 소유 효과나 손실 혐오의

마음으로 드러나는 것일 수도 있다. 하지만 이런 마음은 나약하고
불완전한 인간이 자신의 삶과 생을 지키기 위해 만들어낸 이유 있
는 마음이기도 하다.

무엇이 기다림을 가능하게 하는가

기다림을 길거나 짧게 만드는 조건들

○○

누구든 기다림을 썩 유쾌해하지 않지만
기다림은 우리 삶에 늘 있는 일이다.
누구나 기다림의 존재를 인정하는 편이다.
즉, 우리는 필연적으로 기다릴 수밖에 없는 삶을
여태 잘 견뎌왔고 또 그런 삶에 잘 적응해왔다.

우리는 시간을 '짧다'거나 '길다'고 표현한다. 앞서 살펴보았 듯 우리는 시계가 가리키는 시간에 의존하는 한편 실제로는 체감 에 기대 주관적인 시간을 살기 때문이다. 어떤 기다림은 길지만 어떤 기다림은 짧은 것도 그 이유다. 시계가 가리키는 시간은 기 다림 속에서 수시로 무의미해진다.

시간을 판단하는 방법을 심리학자 댄 자카이Dan Zakay는 전망 법prospective method과 회고법retrospective method으로 설명했다.[43] 전망 법은 '현재 시각을 전망해 예측하는 것'으로 어떤 일을 하다가 문 득 지금 시간이 몇 시쯤인지를 추측해보는 것이다. 가령 만나기로 한 사람을 기다리다가 '지금은 1시 10분일 거야!' 하고 생각하는 것, 시계를 보기 전에 '지금, 12시쯤 됐겠지?' 하고 추측하는 것 등이 바로 전망법을 활용해 시간을 판단한 경우다.

회고법은 전망법과 다르다. 기다리던 사람이 나타났을 때 내 가 기다린 시간을 헤아려보고 '30분은 기다린 것 같다'고 판단하 는 방법이 회고법이다. 이미 지나간 시간을 두고 대략 어느 정도 시간이 흘렀는지를 회고하는 것이다.

한마디로 전망법이 '예측'이라면 회고법은 '기억'이다.

○○　　기다림에 관한 새로운 연구

스마트폰을 들여다보거나 음악을 듣거나 딴생각을 하거나…… . 기다리는 동안에 내가 어떤 행동을 하는지를 돌이켜보면 떠오르는 모습은 주로 이렇다. SNS 타임라인을 보고 있으면 전철이 어느새 도착한다. 주의를 다른 곳에 돌린 덕에 전철을 기다리는 시간이 그리 길거나 지루하게 느껴지지 않는다.

기다리는 시간이 특히 괴로운 때가 언제냐고 묻는다면 나는 만나기로 한 사람이 나타나지 않는 것도 모자라 연락조차 되지 않을 때를 꼽겠다. 보통은 약속 시간을 지키지 못하게 되면 차가 막혀서, 버스를 놓쳐서, 갑자기 일이 생겨서 10분쯤 또는 20분쯤 늦는다며 양해를 구한다. 이유가 무엇이든 상대방에게 사정이 생겼다니 우리는 당연히 기다려준다. 도리어 오는 길을 초조해할까 천천히 오라며 마음을 써주기도 한다. 왜 기다려야 하는지를 정확하게 알면, 우리에게 기다리는 시간은 크게 문제되지 않는다. 그 시간이 힘들고 괴로워지는 때는 기다려야 할 이유를 전혀 알 수 없을 때다.

나는 '기다림'에 관해 조금 낯선 관점에서 연구를 시도했다.[44] 누구든 기다림을 썩 유쾌해하지 않지만 기다림은 우리 삶에 늘 있는 일이다. 누구나 기다림의 존재를 인정하는 편이다. 즉, 우리는 필연적으로 기다릴 수밖에 없는 삶을 여태 잘 견뎌왔고 또 그런 삶에 잘 적응해왔다. 나는 기다림을 가능하게 하는 인간의 마음이 과연 무엇인지를 알아보고 싶었다. 당연한 것처럼 보여도 당연하지 않은 것이 우리의 마음이다. 기다리는 마음도 기다릴 수 있는 마음도 실은 당연하지 않다.

기다림에 관한 인간의 마음을 알아보기 위해 필요한 조건을 크게 두 가지로 한정했다. 첫 번째 조건은 기다릴 때에 주의를 전환하는 것(스마트폰을 보거나 딴생각을 하는 것)이었고, 두 번째 조건은 기다려야 하는 이유를 제공(왜 약속에 늦는지 연락을 받는 것)하는 것이었다. 연구는 이 두 가지 조건이 복합적으로 작용했을 때 어떤 조건이 가장 큰 영향력을 발휘하는지를 측정하는 형태로 진행됐다.

연구를 위해 크게 네 그룹을 만들었다. 주의를 전환시키고 기다리는 이유를 아는 그룹, 주의를 전환시키고 기다리는 이유를 모르는 그룹, 주의를 전환시키지 않고 기다리는 이유를 아는 그룹, 주의를 전환시키지 않고 기다리는 이유도 모르는 그룹이었다.

주의를 전환하기 위한 방법으로 대기실에 흥미로운 영상을 틀어놓거나 비치된 읽을거리를 마음대로 골라볼 수 있게 했다. 반면 주의 전환이 없는 조건의 참가자들에게는 아무것도 제공하지 않았다. 기다림의 이유를 아는 그룹에는 다른 실험 참가자가 도착해야 실험을 진행할 수 있기 때문에 웨이팅이 필요하다는 이유를 설명하며 양해를 구했다. 반면 기다림의 이유를 모르는 그룹에는 기다려야 한다는 지시 외에 아무런 양해를 구하지 않았다. 물론 다른 참가자가 오고 있다는 설명은 실험을 위한 가상의 시나리오였다.

○○　기다림의 길이를 측정하는 법

기다림의 길이를 측정하는 방법으로는 전망법과 회고법을 사용했다. 앞서 나눈 네 개 그룹 하나하나를 다시 둘로 쪼개 각각 전망법과 회고법을 사용해 측정하기로 했다. 결과적으로 실험은 모두 여덟 개 그룹을 대상으로 진행됐다. 즉, 그룹 1의 조건은 '주의 전환/기다림 이유 알고/전망법 측정'이라면 그룹 2는 '주의 전환/기다림 이유 알고/회고법 측정'이었다. 마찬가지로 그룹 3은 '주의 전환/기다림 이유 모르고/전망법 측정', 그룹 4는 '주의 전환/기다림 이유 모르고/회고법 측정' 이런 식이다.

전망법과 회고법을 실험에 적용한 방식은 다음과 같다. '대기하다가 이제 10분쯤 기다렸다는 생각이 들면 밖에 있는 연구자를 호출하라는 주문'이 전망법, '실제 10분이 흐른 뒤에 연구자가 실험 참가자에게 얼마나 기다린 것 같은지 물어보는 방법'이 회고 법이다. 예를 들어 그룹 1, 즉 '주의 전환/기다림 이유 알고/전망 법 측정' 그룹에게는 다른 참가자가 도착해야 실험을 시작할 수 있지만(기다림 이유 알고) 너무 오래 기다리게 해드릴 수는 없으니 10분쯤 지났다는 생각이 들면 연구자를 불러 달라(전망법 측정)고 했다. 연구자를 호출하면 단독으로라도 실험을 진행하겠다고 한 것이다. 실험실에는 흥미로운 영상이 재생되고 있었으며 골라볼 수 있는 잡지 같은 읽을거리도 제공(주의 전환)됐다.

실험 결과는 흥미로웠다. 기다리는 동안 주의를 돌릴 만한 것 을 아무것도 제공받지 못하고(주의 전환 없음), 왜 기다려야 하는지 이유도 모르는(기다림 이유 모름) 참가자들은 10분이 지났다고 생각 하는 시간에 호출해달라는 주문(전망법 측정)에도 10분은커녕 심 하게는 5분 남짓 지났을 때 자리를 박차고 일어났다. 회고법으로 측정한 경우에도 마찬가지였다. 그동안 얼마나 기다린 것 같은지 예측해보라는 지시에 실제로는 정확히 10분이 지났음에도 20분 넘게 기다렸다고 주장했다. 기다림이 길고 지루했음을 시간에 빗 대어 표현한 것이다. 참가자들은 기다리는 시간을 명백한 '낭비' 로 받아들인 것 같았다.

그런데 주의를 전환시킬 만한 자극, 즉 영상이나 볼거리를 제 공받고(주의 전환) 연구자에게 충분한 이유를 들은(기다림 이유 알고) 참가자들은 반응이 달랐다. 10분쯤 기다렸다고 생각하면 연구자를 불러 달라(전망법 측정)는 지시를 해두었는데, 실제로 10분에 가깝도록 기다리는 경우가 대부분이었다. 그래도 10분을 경과하는 경우는 없었다. 회고법으로 측정한 그룹의 참가자들은 평균 12분에서 13분 정도를 기다린 것 같다고 응답했다. 기다림의 이유를 모르는 그룹이 20분 넘게 기다렸다고 주장한 것에 비해서는 대단히 짧은 시간이지만, 아무리 그래도 기다림은 길게 느껴지는 시간인 것이다.

결과에서 알 수 있듯이, 주의를 전환시켰을 때 기다림의 시간도 단축됐고, 왜 기다려야 하는지 모르는 때보다 이유를 정확히 알 때 기다림을 짧게 느꼈다. 그래서 두 경우가 함께 효과를 발휘한 조건(주의 전환/기다림 이유 알고)에 놓인 참가자들이 기다리는 시간을 가장 짧게 느낀 것이다. 이 실험을 통해 알게 된 또 한 가지 중요한 사실은, 주의를 전환하는 쪽보다 기다리는 이유를 아는 쪽이 더 오래 기다렸다는 점이다. 다른 조건들이 동일한 상태에서 비교했을 때 주의 전환을 했느냐, 안했느냐보다 기다리는 이유를 제공했느냐, 아니냐에 따른 시간 차이가 더 컸다. 내가 기다려야 하는 이유를 아는 것만으로도 마음은 더 오랜 시간을 흔쾌히 기다릴 수 있게 하는 것이다. 마음의 시간은 아주 작은 요건 하나만 있어도 큰 변화가 생긴다.

○○ "기다려야 한다더니 빨리 끝났네요"

기다리는 시간에 영향을 미치는 조건은 분명 더 존재한다. 나는 앞선 실험 결과에 힘입어 기다림에 영향을 미치는 요소들을 더 알아보기로 했다.

기다릴 때 가장 중요한 정보는 무엇일까? 바로 '시간에 관한 정보'다. 얼마나 기다려야 하는지를 아는 것은 분명 기다리는 마음에 영향을 미친다. 식당에 갔는데 자리가 없어 기다려야 한다는 말을 들으면 우리는 가장 먼저 '얼마나 기다려야 하는지'를 묻는다. 기다리는 동안 우리의 가장 큰 관심사는 이 기다림이 언제 끝날지다. 따라서 차례를 기다리는 사람에게 '시간'은 중요한 정보가 된다. 기다리는 사람이 올 때까지 쉼 없이 시계를 들여다보는 이유도, 매일 달력을 보며 날짜가 얼마나 남았는지를 확인하는 이유도 바로 이 때문이다. 얼마나 기다려야 하는지를 알려주는 정확한 정보가 있다면 우리 마음의 시간은 충분히 바뀔 수 있으리라 예상했다. 이를 알아보기 위해 가상의 상황을 연출했다.

기다리는 동안에 제공할 수 있는 시간 정보는 크게 두 가지다.[45,46] 한 가지는 얼마나 기다려야 하는지를 알려주는 '예상 대기 시간 정보'고, 나머지 하나는 현재 기다림이 어디쯤 놓여 있는지를 알려주는 '시간 위치 정보'다. 버스 정류장에서 버스를 기다리는 동안 버스의 도착 예상 시각을 알려주는 전광판은 전자에 해당하고, 대기표를 뽑고서 남은 순서를 기다려야 하는 은행이나 매표소의 전광판은 후자에 해당한다.

실험은 후자, 즉 현재의 기다림이 어디쯤에 놓여 있는지를 알려주는 '시간 위치 정보'를 제공하는 방식을 택했다. 실험 그룹은 앞선 연구와 동일하게 나누었고 다른 조건도 모두 같았다. 다만, 기다림에 따른 마음의 시간을 측정해야 하는 실험의 특성 때문에 직접적인 시간 정보를 제공할 수는 없었다. 따라서 도형이 완성되어가는 10분짜리 화면(시간 위치 정보)을 별도로 제공해 참가자가 기다리는 동안 시간 흐름을 직접 눈으로 확인할 수 있게 했다.

회고법으로 측정하는 경우에는 변하는 화면이 모두 끝나면 연구자가 다시 오겠다는 설명을, 전망법으로 측정하는 경우에는 시간에 따라 변하는 화면이라고 설명한 뒤 10분 정도 기다린 것 같으면 연구자를 불러달라고 했다. 두 그룹 모두에 완성되는 도형 화면이 10분짜리라는 사실은 알려주지 않았다.

우리에게 기다림은 대체로 길다. 앞선 실험 결과를 살펴보면 기다려야 하는 시간인 10분보다 짧게 느낀 결과는 없었다. 그런데 이번 실험에서는 기다리는 시간을 짧게 느끼는 경우가 확인됐다. 기다리는 이유를 알고, 정확히 얼마나 기다려야 하는지를 아는 조건의 그룹에서는 실제 기다린 시간을 10분보다 짧게 느꼈다. 이들은 심지어 "기다려야 한다더니 빨리 끝났네요"라는 놀라운 반응을 보였다.

이번 실험에서도 역시 주의를 전환하는 쪽보다 왜 기다려야 하는지를 아는 편이 더 큰 효과를 발휘했다. 그리고 무엇보다 기다리는 시간을 어떻게 느끼느냐에 가장 큰 영향을 미치는 것은 '시간 위치 정보'였다. 왜 기다려야 하는지, 또 얼마나 기다려야 하는지를 아는 경우, 마치 시너지 효과를 발휘하듯 '10분보다 짧게 기다렸다'는 대답을 한 것이다.

특히 시간 위치 정보가 주어지는 실험에서 회고법으로 측정한 사람이 대기 시간을 짧게 느꼈다는 것은 상당히 의미 있는 결과다. 회고법은 화면이 10분짜리인지는 모르지만 도형이 완성되면 기다림이 끝난다는 사실은 숙지할 수 있는 조건이다. 반면 전망법은 10분이 지난 시점을 마음속으로 계속 생각해야 했다. 전망법으로 측정한 경우 시간 위치 정보가 그다지 큰 도움이 되지 못했을 수도 있다.

회고법으로 측정한 그룹에 속한 참가자들은 10분이 언제쯤일지 짐작할 필요도, 기다림이 언제 끝날까 걱정할 필요도 없다. 도형이 완성되는 즉시 기다림도 끝난다는 사실을 알기 때문이다. 따라서 이들에게 도형이 완성될 때까지 기다리는 시간은 괴로운 기다림의 시간이라기보다 온전히 자유로운 시간이었을 가능성이 높다. 손님으로 가득한 식당에서 대기표를 받으며, "늦어도 30분 안에는 자리가 납니다. 그 직전에 문자 드리겠습니다"라고 안내받는 경우와 같다. '기다림이 반드시 끝난다'는 정보는 마음의 시간을 변화시키는 아주 중요한 조건이 되는 것이다.

우리 삶이 기다림의 연속인 것은 부정할 수 없는 사실이다. 그럼에도 우리는 그런 기다림의 연속을 고통스럽다고만 여기며 살지 않는다. 기다리는 목적이 분명하고, 언젠가 이 기다림은 끝나고야 만다는 믿음이 있으면 마음의 시간은 짧아지기도 한다. 우리 마음은 그렇게 움직이기도 한다.

4부 ●┈┈┈┈┈┈┈┈┈┈┈┈┈▶ 사랑의 실험실

그것은 정말 사랑일까

우리 마음속 사랑의 원형이 말해주는 것들

○○

우리가 생각하는 사랑은
사실 놀랍도록 자기중심적인 마음에 뿌리를 두고 있다.
누군가를 사랑한다는 것에도, 사랑하는 사람을 위한다는 마음에도
그 중심에는 '나 자신'이 있다.

사랑은 도대체 무엇일까. 생식과 생존을 위한 생리적 장치라는 말은 꽤 거북하다. 그런 식으로 정의하기에 사랑은 좀 더 정신적인 기능처럼 느껴져서다. 그렇다고 "사랑이란 사람을 살게 하는 힘"이라는 숭고하고도 아름다운 말을 들으면, 그와 함께 몰려오는 숭고하고도 아름다운 피로감에 고개를 내젓게 된다. 먹고살기도 힘든데 사랑이라는 숙제까지 해내야 하다니 자신이 없어진다.

사랑에 대한 우리 마음은 쾌락과 도덕 사이를 왔다 갔다 한다. 감정과 이성, 현실과 이상, 욕망과 의무감 사이를 오가는 시계추처럼. 사랑은 연역이 아닌 귀납이라는 생각도 든다. 정해진 답이 있다기보다 근접한 결론을 찾아가는 과정. '사랑이란 무엇인가'에 답을 찾는 과정이야말로 인간을 이해하는 과정인지도 모르겠다. 사람은 사랑을 사랑하는 존재임은 분명하다.

1991년 캐나다의 두 심리학자 베벌리 페르Beverley Fehr와 제임스 러셀James A. Russell은 사람들이 무엇을 가장 대표적인 사랑으로 생각하는지 알아보기 위해 사랑의 원형, 즉 사랑의 프로토타입prototype을 조사했다.[47] 연구자들은 사람들에게 '사랑' 하면 무엇이 떠오르는지를 조사해 216개의 대답을 얻었다. 그리고 그 대답을 분석해 20개의 사랑 타입을 추출해냈다.

사람들이 생각하는 사랑을 대표하는 사랑, 사랑의 원형은 '모성'이었다. 자식을 향한 부모의 사랑, 우정, 자매 간 사랑이 그 뒤를 이었다. 연인 간 사랑이라 볼 수 있는 '연애'가 5위, '육체적인 또는 성적 사랑'이 16위, '첫사랑'은 19위였다. 개인적인 바람으로 '부부애'가 우선순위에 있어주길 원했지만 '자기애(15위)', '애국심(17위)'은 있을지언정 부부 간 사랑은 사람들이 생각하는 사랑의 원형에서는 찾을 수가 없었다.

나는 1991년에 진행한 두 심리학자의 실험을 약 30년 뒤인 지금으로 옮겨와 내 강의를 수강한 216명의 대학생들에게 동일한 질문을 던졌다. '사랑' 하면 제일 먼저 떠오르는 것이 무엇인지 고민 없이 써보라고 주문한 것이다. 보기도 없고 정답도 없는 질문이란 전제를 붙였다. 말 그대로 가장 먼저 떠오르는 사랑 타입을 하나든 두 개든 생각나는 대로 쓰면 된다고 했다. 그렇게 해서 만

19세부터 30세까지의 성인 남녀에게 사랑에 대한 529개의 대답을 얻을 수 있었다.

사랑에 관한 생각은 희한하게 여전했다. 사랑의 원형에 관한 생각은 미국 사람이나 한국 사람이나, 30년 전이나 지금이나 생각이 크게 다르지 않았다. '모성'이 또 부동의 1위를 차지했다. 뒤따르는 '자식을 향한 부모의 사랑'도 1991년 연구 결과와 같았다. 우정과 동료애를 연인 간 사랑보다 사랑의 원형에 더 가깝다고 판단한 것도 비슷했다. 마찬가지로 부부애 또는 부부 간 사랑이라는 대답은 찾기 어려웠다. 아직 결혼하지 않은 성인에게도 부부 간 사랑은 사랑의 원형 같지 않은 모양이었다. '사랑'에는 갈등이나 고통, 분노나 질투, 집착 같은 부정적인 마음은 없어야 한다고 생각하는 것 같았다.

사람들이 중요하게 생각하는 사랑의 가치는 다름 아닌 '헌신과 영원함'이었다. 이 가치는 모성을 사랑의 원형으로 꼽은 이유가 되기도 한다. 모성은 변함없이 헌신적인 마음이고, 그것이야말로 진정한 사랑이라고 생각한 것이다.

그러나 모성이 진짜로 무엇인지 잘 알기 때문에, 또는 모성을 잘 이해하고 있어서 그것을 사랑의 원형으로 꼽은 것처럼 보이지는 않는다. 그저 사랑은 변치 않아야 하고 희생적인 마음이어야 하기에 그 실존적 개념으로 모성을 짚은 것이리라. 우리가 모성에 갖는 환상은 정말 대단하다.

사랑에 대해 '내가 가져야 하는 마음, 내가 갖추어야 하는 자세'라는 생각이 우선했다면 과연 모성을 사랑의 원형이라 할 수 있었을까. 분명 어려웠을 것이다. 사랑을 바라보는 우리 마음엔 '내가 원하는, 내가 받고 싶은, 나를 위한 사랑'이 가득 차 있다. 모성의 본질이 일방적 감정 노동임을 헤아려본 적이 있다면 사랑의 원형에서 저만치 비켜 세우게 될 일이다.

우리가 생각하는 사랑은 사실 놀랍도록 자기중심적인 마음에 뿌리를 두고 있다. 누군가를 사랑한다는 것에도, 사랑하는 사람을 위한다는 마음에도 그 중심에는 '나 자신'이 있다. 사랑으로 인한 갈등과 아픔도 마찬가지다. 사랑할 때 나를 아프고 힘들게 하는 것은 그 사람의 변심도 아니고, 그 사람과의 다툼도 아니다. 나를 괴롭히는 건 그 사람에게 일방적으로 기대하는 내 마음일 때가 많다. 상대방이 내 기대에 어긋나는 순간부터 갈등은 시작된다.

○○　　나를 위해 너를 사랑해

시카고대학교의 니콜라스 에플리Nicholas Epley 교수 연구팀은 실험 참가자들의 얼굴 사진을 찍은 뒤 '굉장히 매력적인 얼굴'과 '아주 매력 없는 얼굴'에 각각 합성한 사진 자료를 5장씩 만들었다.[48] 합성 비율은 사진마다 10퍼센트씩 높아지게 했고, 합성 비율이 높아질수록 실제 얼굴보다 매력적이거나 덜 매력적으로 보이게 만들었다. 이렇게 만든 '실제 얼굴 사진 한 장', '매력적인 얼굴과 합성한 사진 다섯 장', '매력 없는 얼굴과 합성한 사진 다섯 장' 총 11장의 사진을 무작위로 섞은 뒤 실험 참가자들에게 보여주면서 자신의 실제 얼굴 사진을 골라내보라고 했다.

실험 참가자들은 매력적인 얼굴과 적절히 섞인 얼굴을 실제 자신의 얼굴이라고 생각하는 경향이 높았다. 매력적인 얼굴과 합성 비율이 가장 높은 사진을 11, 비율이 높은 순서대로 11부터 7이라 정하고, 원래 얼굴 사진을 6, 매력 없는 얼굴과의 합성 비율이 가장 낮은 사진이 5, 비율이 낮은 순서로 5에서 1이라고 했을 때, 참가자들이 자신의 얼굴이라고 가장 많이 지목한 사진은 7번 사진이었다. 가장 많은 사람이 매력적인 얼굴과 정확히 10퍼센트 합성한 사진을 자신의 실제 모습이라며 고른 것이다. 사람들은 대체로 자신의 외모를 실제보다 약간 더 예쁘거나 잘생겼다고 생각하고 있었다.

이처럼 우리는 누군가에 비해 내가 조금 더 나은 사람이라고 믿는 편이다. 얼굴뿐 아니라 생각, 지성, 성격, 인품을 비롯한 모든 면에서 자신은 평균 이상의 긍정적 특성을 지녔다고 믿는 동시에 부정적 특성은 평균 이하일 것이라 믿는다. 그래서 사람들은 자신이 인식하는 내용은 별로 의심하지 않는다. 또 자신이 편파적이라고도 생각하지 않는다. 다른 사람이 내 판단에 이의를 제기할 때 자신을 돌아보기보다 '나를 이상하게 여기는 쟤가 이상한 사람'이라고 생각해버린다. 다른 사람은 편파적일지라도 나는 꽤 객관적인 사고를 한다고 믿는 것이다.

연인에게 줄 선물을 살 때 내 취향이 아니라 상대 취향에 맞춰야 한다는 사실을 머리로는 알지만, 사람들은 은연중에 본인이 선호하는 선물을 결정한다.[49] 그 사람도 '좋아하겠지'이지 '좋아해'가 아니라는 것을 잊는다. '내가 너라면'이라는 가정은 '내 생각에는'을 돌려 말한 것뿐인데 연애를 하는 동안 그 사람도 나와 같은 생각을 할 거라는 근거 없는 자신감을 갖는다. 그로 인해 상대에게 자기 취향과 생각을 어느새 강요하고 끊임없이 인정받고 싶어 한다. 상대의 말이나 행동이 내 뜻과 어긋나면 무시당했다고 생각하거나 배신감 같은 것을 느낀다. 우리에게 사랑은 너를 위한 마음이 아니라 나를 위한 마음이다.

○○　　상대의 마음을 누구보다 잘 안다는 착각

한 심리학 연구에 따르면, 애인과의 성생활에 만족도가 높은 사람은 상대방도 당연히 나와의 성관계가 즐거우리라 거의 확신하는 것으로 드러났다.[50] 그들은 놀랍게도 파트너에게 나와의 성생활에 불만이 없는지 물어볼 생각은 해본 적이 없다고 고백했다. 내가 좋으면 상대도 당연히 좋을 것이라는 위험한 착각. 우리는 정말 내가 안다고 확신하는 만큼 상대에 대해 정확히 알고 있을까. 반대로, 상대는 나를 잘 알까.

사람들의 일상을 동영상으로 촬영한 후 실험 참가자에게 동영상 주인공의 생각과 감정을 유추해보게 한 연구가 있다.[51] 영상의 주인공이 모르는 사람, 즉 처음 보는 낯선 사람인 경우에는 참가자들이 평균 20퍼센트의 정확도로 동영상 주인공의 생각과 감정을 알아차렸다. 반면에 동영상 주인공이 내 연인이거나 배우자인 경우에는 정확도가 30퍼센트로 상승했다.

이 결과를 두고 낯선 사람보다 가까운 사람의 마음을 더 잘 알아차린다고 해석할 수도 있다. 그러나 문제는 정확도 차이가 너무 근소하다는 점이다. 게다가 연인이나 배우자의 마음을 알고 있다는 확신(85퍼센트)이 실제로 측정된 정확성(30퍼센트)을 터무니없이 앞질렀다. 가까운 사이라도 상대의 마음을 안다는 건 착각에 불과하다.

실제 연인들이 서로를 얼마나 잘 알고 있는지와 서로를 얼마나 잘 알고 있다고 '생각'하는지를 비교해 살펴본 연구 결과는 흥미롭다.[52] 서로 다른 방에 앉아 있는 커플에게 각자 응답한 내용을 상대가 알 수 없다는 이야기를 들려준 뒤, 둘 중 한 사람에게 본인에 관한 긴 설문지를 주고 답하게 했다. 다른 방에 있는 파트너에게는 연인이 각 질문에 어떤 답을 할지 예측해보고, 자신의 예측이 얼마나 정확할지도 적어보라고 했다.

앞선 연구 결과와 마찬가지로 연인들은 상대를 비교적 잘 아는 편이었다. 특히 자존감이나 사회성에 관한 항목에서는 본인이 생각한 면과 파트너가 짐작한 면이 꽤 비슷했다. 하지만 연인이 '서로에 대해 실제로 알고 있는 정도'와 '알고 있다고 믿는 정도' 사이의 차이는 무척 컸다. 예컨대 상대의 자존감을 예측하는 것(알고 있는 정도)은 44퍼센트 가량의 정확성을 보였지만, 자신의 예측이 정확할 것이라고 믿는 정도는 82퍼센트가 넘었다.

두 사람이 함께한 시간이 길수록 확신하는 비율도 덩달아 커졌다. 연인이 함께한 시간이 오래될수록 스스로 상대를 더 잘 안다고 생각하는 것이다. 연구는 연인이 사귄 시간의 길이와 상대에 대한 정확한 예측 사이에는 아무런 상관이 없음을 밝혔다.

더 오랜 시간 함께했다고 해서 상대를 정확하게 안다는 것은 착각이다. 상대가 나를 잘 알고 있을 것이라는 기대도 사실은 그저 오해일지 모른다. 같이 사랑했어도 같은 사랑을 한 건 아니다.

우리는 끊임없이 상대에게 영향력을 미치고 싶어 한다. 또한 상대를 내가 영향력을 행사할 수 있는 대상이라고도 믿어버린다. 자기중심적인 마음은 사랑이라는 이름으로, 또는 사랑이라는 평계로 관계를 얼마든지 잔혹하게 만든다.

연인의 사랑이 사랑의 원형에서 멀어지고 부부 간 사랑 또한 찾을 수 없는 건 우리의 마음이, 더구나 내 마음이 변한다는 것을 잘 알아서다. 환상으로 굳은 모성을 최고의 사랑이라 칭하는 것이야말로 '변함없이 헌신적인 사랑을 받고 싶다'는 마음을 적나라하게 보여주는 것 아닐까 싶다.

헤어진 연인을 잊지 못하는 과학적 이유

이별에 관한 흥미로운 실험들

○○

연애를 시작하면 많이 기쁘고 행복해서 그 감정이
아주 오랫동안 지속될 것이라고 믿는다.
하지만 연애 감정은 예상과 달리 대단하지도 않고,
지속은커녕 자주 변덕을 부린다는 것을 으레 깨닫게 된다.

가끔 물건과 대화하는 사람이 있다. 감탄사와 리액션도 자연스럽게 섞어서. 냉장고 안에 넣어둔 국자를 발견하고선 국자에게 "아이고, 미안해. 얼마나 추웠니" 하고 사과하시던 엄마나 세탁기 종료 안내음에 맞춰 "고맙구나, 고마워" 하고 대답하는 나 같은 사람이 그렇다. 어떤 사람은 자신이 자주 쓰는 물건에 이름을 붙여 의인화하기도 한다.

2014년에 미국 다트머스대학교와 하버드대학교 심리학 연구팀이 진행한 연구 결과에 따르면 외로운 사람일수록 무생물을 생물처럼 느끼고 의미를 부여한다고 한다.[53] 인간에게는 다른 사람들과 친밀감을 유지하려는 욕구가 있는데 사람들과 소통하는 기술을 행여나 망각할까 봐 예방하는 차원에서 자꾸 말문을 열도록 한다는 것이다. 무생물을 마치 마음이 있는 생물처럼 느끼게 만들어 대화라도 나누라고. 우리 마음의 기능은 정말 경이롭지만 세탁기에게 수시로 말을 거는 나 같은 사람에겐 웃픈 연구 결과가 아닐 수 없다. 내 마음이 이토록 절박한 줄 몰랐다.

○○　우울하면 오르막길도 더 가파르게 느껴질까

인간은 자신이 놓인 상황이나 상태에 따라 외부 자극을 다르게 지각한다. 예컨대 경쟁 상황에 놓였을 때 마음은 상대의 얼굴을 훨씬 공격적이고 날카로운 인상으로 기억해버린다. 또 두려워하는 대상은 실제 거리보다 더 가까이 있다고 인식한다.[54] 사랑하는 사람의 얼굴이 진심으로 잘생겼다고 생각하지만 주변 사람들에게 결코 인정받기 어렵다거나, 내 아이가 아무래도 천재인 것 같은데 누구도 귀 기울여주지 않는 것도 마찬가지 원리다. 인간의 지각은 필연적으로 주관적이다.

내게 주어진 상황이 힘들고 버겁다 싶을 땐 평소에 걷던 길도 멀고 힘들기 마련이다. 몇 해 전 나는 내 강의를 수강하는 대학생들을 대상으로 힘든 마음 상태와 주관적 지각 처리 사이의 상관관계를 검증해보기 위해 아주 간단한 실험을 했다.

강의실이 있는 건물은 고맙게도(?) 오르막길 끝에 있었다. 그래서 수업을 수강하는 학생들은 한 명도 예외 없이 이 길을 걸어야 했다. 도서관에서부터 사회관까지 걸어오는 오르막길을 얼마나 멀고 가파르게 느끼는지를, '완만하고 걸을만 하다: 1점'에서 '너무 가파르고 다리 아파 힘들다: 7점'까지의 점수 중에 평가해보도록 했다. 그리고 최근 자신의 정서 상태와 현재 연애 사업의 형편을 묻는 질문들로 설문지를 구성했다.

'외롭고 우울하면 같은 언덕도 더 가파르게 보인다'는 2011년 랜돌프-매콘대학교의 시더 라이너Cedar R. Riener 연구팀의 연구 결과가 있다.[55] 마찬가지로 내 연구에서도 상관관계가 간명하게 나타났다. 최근에 마음이 외롭고 힘들고 슬프고 짜증난다고 느낄수록 오르막길은 가팔랐고 다리 아픈 길이었다. 반대로 최근 마음이 기쁘고 활기차고 행복하고 재미있을수록 오르막길도 가뿐했다.

연구 결과를 분석하다가 나는 조금 더 재미있는 상관관계를 발견하게 됐다. 이별한 시기와 오르막길의 가파름 정도가 상관이 있었다. 연인과 헤어진 시기가 최근일수록 오르막길 경사는 가팔랐고, 헤어진 시간이 오래 지났을수록 완만했다. 이별한 시기가 오래될수록 오르막길 경사도 차츰 완만해지는 것이었다.

내 마음 상태에 따라 주어진 상황을 다르게 지각하고 받아들이게 되는 것이 사람 마음이라는데, 주변의 많은 사건 중에서도 이별은 마음에 영향을 미치는 아주 크고 강력한 사건에 해당하는 모양이다.

생각해보면 이별은 사건이라기보다는 사고다. 시간이 흘러 사고가 수습될수록 길이 덜 힘들어진다. 나는 연구 결과를 열심히 분석해보다가, 일주일 이내에 이별을 겪은 몇몇 학생들에게 괜히 미안한 마음이 들었다. 하필 강의실에 오는 길이 이리 멀고도 험난해서. 물론 다른 사람들처럼 시간이 지나면 차츰 완만하고 가까워지겠지만.

미국의 사회심리학자 대니얼 길버트^{Daniel Gilbert}는 사람들이 아직 오지 않은 행복이나 슬픔을 실로 대단할 것이라고 착각하는 이유가 인간에게 '영향력 편향^{Impact Bias}'이 있기 때문이라고 설명했다.

우리는 원하는 직업을 얻으면, 좋아하는 사람과 연애를 하게 되면, 원하던 물건을 구입하면, 벼르던 여행을 떠나면, 엄청 행복할 거라고 생각한다. 하지만 실제로 그런 일이 벌어졌을 때 피어오르는 감정은 예상보다 크지도 않고, 오랫동안 지속되지도 않더라는 것이 영향력 편향이다. 마찬가지로 빌려줬던 돈을 떼이거나 승진에 실패하거나 연인과 헤어지더라도 이로 인한 감정 변화는 예상보다 크지 않고, 감정이 지속되는 시간도 생각보다 길지 않다. 사람들은 자신의 감정이 어떻게 될지에 관한 한 비슷하게도 예상을 못할뿐더러 과대평가한다.

연애를 시작하면 많이 기쁘고 행복해서 그 감정이 아주 오랫동안 지속될 것이라고 믿는다. 하지만 연애 감정은 예상과 달리 대단하지도 않고, 지속은커녕 자주 변덕을 부린다는 것을 으레 깨닫게 된다. 또한 사랑하는 사람과 헤어지면 고통스러워 견딜 수 없을 것 같고 식음을 전폐할 줄로 알지만, 어느 정도 시간이 지나고 나면 언제 그랬냐는 듯 밥만 잘 먹고 잠만 잘 잔다. 감정을 느끼는 때가 어느 한 순간뿐이라는 것을 서서히 깨닫게 되는 것이다.

길버트의 연구에 따르면 연인과 헤어지고 난 뒤 평균 2개월이 지나자 사람들은 대개 예상보다 힘들거나 아프지 않았던 것 같다고 고백했다. 생각한 것만큼 불행에 허덕이지 않았고 좌절과 상심으로 비틀거리지도 않았다는 것이다. 힘겨워보이던 오르막길도 서서히 완만한 길로 제자리를 찾는다.

영향력 편향은 자신의 감정에 미치는 사건의 영향력을 과대평가해서 생기는 현상이다. 영향력 편향이 생기는 이유는 우리 뇌가 특정 정보에 집중하기 때문으로 보인다. 내게 일어날지도 모를 특정한 미래 사건에 생각을 집중하면서 그 밖의 다른 사건이나 다른 측면은 미처 생각할 겨를이 없는 것이다. 그 사건에만 주의를 집중시키다 보니 그에 대한 감정도 당연히 커질 수밖에 없다.

연애는 기대만큼 짜릿하지 않을 수 있다. 대신 이별도 예상만큼 아프지 않을 수 있다. 이 원리는 나뿐 아니라 상대에게도 마찬가지로 적용된다. 인생에서 벌어지는 수많은 대형 사건들을 저평가해야 한다는 게 아니다. 그때는 죽을 만큼 좋았거나 죽을 것처럼 아팠지만 어느덧 이불킥을 하게 되는 시간이 예상보다 빨리 올 수 있음을 안다면, 내 마음을 갉아 먹는 걱정과 근심을 조금이나마 내려놓을 수 있지 않을까.

○○ 자이가르닉 효과

1920년 무렵 베를린대학교의 실험심리학자였던 블루마 자이가르닉Bluma Zeigarnik은 164명의 실험 참가자들에게 단어 맞추기나 모형 만들기처럼 쉽고 간단한 과제를 내줬다.[56] 그러고는 한 집단은 과제 20개를 모두 끝마칠 때까지 두었고, 다른 한 집단은 과제를 한창 수행 중일 때 강제로 종료시켜버렸다. 며칠이 지난 뒤, 실험 참가자들에게 그날 수행한 과제를 기억나는 대로 말해보라고 했더니 과제를 완료한 참가자들이 기억하는 과제의 양에 비해 중간에 강제로 종료한 참가자들이 기억하는 양이 두 배 이상 많았다.

1982년 미국의 심리학자 케네스 맥그로우Kenneth O. McGraw와 지리나 피알라Jirina Fiala 박사도 비슷한 실험을 했다.[57] 이번에는 단순한 과제가 아니라 훨씬 어려운 과제를 수행하는 집단도 구성하고, 아주 흥미로운 과제를 수행하는 집단도 구성했다. 그리고 어느 정도 과제를 수행하게 하다가 중단시켰다. 주어진 시간 동안 어떤 참가자는 과제를 완료했고, 또 어떤 참가자는 완료하지 못한 상태가 되었다. 참가자들은 자이가르닉의 실험 결과와 마찬가지로 완성한 과제보다 완성하지 못한 과제를 훨씬 정확하게, 그리고 오랜 시간 기억했다. 완성한 과제는 고도의 집중을 요할 만큼 어렵거나 무척 흥미로웠더라도 별로 기억해내지 못했다. 오로지 완성 못한 과제가 자꾸 머릿속에 맴돌 뿐이었다.

우리 마음은 과제를 얼마나 오래 했으며, 과제가 얼마나 재미있었느냐보다 그것을 완성했느냐 못했느냐를 훨씬 중요하게 받아들인다. 완성한 일보다 마치지 못한 일을 훨씬 더 상세하게 기억하고 마침내 완성을 시키려는 욕구를 일컬어 '자이가르닉 효과 Zeigarnik Effect'라고 부른다.

자이가르닉 효과가 생기는 이유는 우리 마음이 완료나 종료가 주는 안정감을 추구하기 때문인 것으로 보인다. 미완결 과제가 주는 '긴장감'을 '안정감'으로 바꾸려다 보니 완료하지 못한 일을 자꾸 떠올리게 되는 것이다.

자이가르닉 효과를 이별에 대입하면, 완료하지 못한 관계로 인해 헤어진 그 사람이 오래도록 기억에 남아 자꾸 머릿속을 맴도는 것으로 해석할 수 있다. 우리 마음은 연인과 헤어지는 사건을 마치 진행되던 프로젝트가 중간에 파투 난 것과 같은 강도로 받아들인다. 과제를 수행하다가 중지되거나 노래를 부르다가 만 것처럼 미완성된 숙제로 인식하는 것이다. 게다가 삶이 예상치 못한 쪽으로 전환되면 그 방향으로 마음을 돌리기까지 시간이 걸린다. 어느새 일상이 되어버린 연애가 갑자기 끝나버리자 마음이 변화를 받아들이기 힘겨워하는 것이다.

그렇다면 완료한 과제나 마무리한 일을 잘 기억해내지 못하는 까닭은 무엇일까? 이유는 우리 마음의 '고마운' 정보처리 능력 때문이다. 주변 환경이 주는 자극은 그야말로 엄청나다. 이토록 다채롭고 많은 정보와 자극을 우리는 언제나 기억하고 있을 수 없다. 뇌의 용량에도 한계가 있다. 정리된 사건을 고이 접어 서랍에 넣어버려야 또 다른 사건 서류를 처리할 수 있는 것이 우리 마음이다. 완료한 과제를 잘 잊는 것도, 완료하지 못한 과제를 자꾸 생각하는 것도 조금 더 평화로운 삶을 유지하기 위한 자연스러운 인간의 마음 기능인 것이다.

○○　소박한 완결

흥미로운 이야기를 하나 하자면, 자이가르닉 효과를 극대화하거나 극적으로 해결해버리는 놀라운 자극이 있는데, 바로 돈이다.

과제를 완료하지 못했더라도 보상으로 지급하기로 했던 돈을 지급하면 중단한 과제 내용을 기억하지 못했다. 오히려 과제를 완료했지만 돈이 지급되는 시기를 늦추었더니 수행한 과제를 놀랍도록 명확하게 기억했다.

혹시 이별에 대한 마음이 남달리 괴롭다고 느끼거나 아픔이 오래간다 싶으면 애인에게 선물을 사주느라 긁었던 카드 할부금이 남았다고 생각해보면 어떨까. 할부금을 모두 해결하고 나면 어느새 마음도 괜찮아져있을 테니 너무 힘들어하지 말기를. 우리 마음 기능이 그렇듯 마음은 늘 나를 지키기 위해 최선을 다한다.

하루 온종일 귓가에서 노래가 떠나지 않는 날이 있다. 초입부나 클라이맥스 부분이 맴돌고 또 맴돈다. 노래가 너무 좋아서도, 너무 어려워서도, 오랫동안 듣고 있어서도 아니다. 다만 끝까지 듣지 못했거나 다 부르지 않은 노래라서 그렇다. 어디 사람 없는 장소로 가서 노래를 끝까지 불러 재껴버리면 좋겠다. 노래에 자신이 있다면 사람들을 모아놓고 불러도 좋고.

나를 떠나버린 사랑도 어쩌면 아직 다 부르지 못한 노래처럼 내 마음을 흔들고 있는 건 아닐까. 미완결이라고 생각하기보다 '소박한 완결'이라고 인식을 전환해보면 어떨까 싶다. 그 사람에게 못다 한 말이 오히려 안 하길 잘한 말이 되는 시간은 반드시 온다.

남녀의 질투는 어떻게 같고 다른가

진화심리학적 관점, 그리고 그 너머에서

○○

성적 배신과 정서적 배신 중 조금 더 견딜만 한 쪽을
가리는 일은 무의미할 수 있다.
두 상황은 구분할 것 없이 상대에게 고통과 상처를 준다.
힘든 정도를 점수로 매기게 한 연구에서도 어떤 상황에서든
전혀 힘들지 않다는 대답은 없었다.

그 사람과 헤어진 지 꽤 오랜 시간이 흘렀음에도 아직 마음에 걸리는 몇몇 순간들이 있다. 우습게도 그 순간들은 너무 사소하거나 누가 봐도 아무 일 아닌 그런 장면들이다. 예컨대 그 사람이 나 아닌 다른 여자를 궁금해 하거나 칭찬하던 순간들. 그 사람을 향한 미련과는 별개로 그 장면들이 떠오르기라도 하면 여전히 그 사람이 미워진다. 결국 그 사람에 대해서는 어떤 경험이 아니라 내가 그 사람에게 마음 상했던 순간들만 가슴에 남아버렸다.

솔직하게 얘기를 해서 풀어볼까 하는 생각이 없었던 건 아니었다. 다만 나는 그런 이야기를 해야 한다는 것조차 불쾌하고 자존심이 상했다. 결국엔 아무 것도 아닌 일로 자주 다퉜고 서로가 서로를 힘들어 하는 지경에 이르렀다.

돌이켜 생각해보면 그 사람이 바람을 피웠거나 양다리를 걸친 것도 아닌데, 내가 느낀 건 명백히 배신감이었다. 알 수 없는 분노와 설명하기 힘든 두려움이 질투심을 유발했고 질투라는 감정에 직면하는 순간 내 자존감은 바닥으로 떨어지는 것 같았다.

미국의 진화심리학자 데이비드 버스David M. Buss의 연구에 따르면, 거의 모든 남녀가 인생에서 최소한 한 번 이상 극렬한 질투심을 경험한 적이 있다고 한다.[58] 특히 실험에 참가한 응답자의 30퍼센트가 넘는 사람들은 감당하기 어려운 질투심 때문에 다른 사람에게 상처를 주고 싶은 마음이 생긴다고 답하기도 했다. 질투는 공격적인 행동을 쉽게 부른다. 여성을 대상으로 한 살인 사건의 40퍼센트 이상은 성적 질투심과 관련되어 있는 것으로 추정된다고 한다.[59]

질투는 상당히 불편한 감정임이 분명하다. 그리고 두려운 감정인 것도 맞다. 질투를 유발시키는 장면이 떠오르기만 해도, 질투하는 대상을 생각하기만 해도 설명조차 힘든 분노가 솟구친다. 잊을 수 있거나 피할 수 있다면 얼마나 편할까. 질투는 안도감과 너무 거리가 먼 마음이다.

○○   남녀의 질투가 다른 진화심리학적 이유

진화심리학자들의 연구에 따르면 남성과 여성이 질투심을 느끼는 이유가 서로 다르다고 한다. 남성과 여성이 예민하게 받아들이는 질투의 포인트가 각각 다르다는 것이다.

데이비드 버스 연구팀은 성인 남녀에게 파트너의 성적性的 또는 정서적 배신 장면을 가상으로 구성해 보여주면서 둘 중 무엇이 자신을 더 힘들게 하는지 선택하게 했다.[60] 그 결과 남성은 내 파트너가 다른 남성과 성관계를 맺는 장면이 더 힘들다고 했고, 여성은 다른 여성과 정서적으로 가까워지고 서로 좋아하는 것처럼 보이는 장면이 더 힘들다고 했다.

먼 옛날 남성을 괴롭히는 가장 큰 골칫거리는 양육의 대상인 자식이 혹여나 내 자식이 아닐 수도 있다는 일말의 가능성이었다. 자식을 양육하는 데 적지 않은 시간과 노력을 쏟아야 하기에 남성에게는 '내 유전자를 물려받은 내 자식'이라는 확신이 중요했다. 반면 여성은 내 몸을 통해 자식을 출산하기 때문에 남성이 한 고민이나 의심 같은 건 없었다. 다만 양육하는 동안 남성 파트너의 투자가 튼튼하게 지속되는 것을 확신할 수 있어야 했다. 만약 파트너의 투자가 다른 존재로 인해 분산되거나 다른 자식에게 옮겨가기라도 하면 내 자식은 경쟁에서 밀려나거나 생존 가능성이 떨어지게 되는 셈이다. 때문에 '투자자'인 파트너에게 다른 존재가 생길 수 있음은 여성에게 무척 민감한 문제일 수밖에 없었다.

결국 남성에게 중요한 건 파트너의 성적 신뢰고, 여성에게 예민할 수밖에 없는 부분은 파트너의 지속적인 관심이다. 그래서 남성은 파트너가 다른 사람과 성관계를 맺는 것에 질투심이 폭발하고, 여성은 파트너가 다른 사람과 마음을 주고받는 것에 질투심이 극에 달한다. 즉, 여성의 성적 배신은 훗날 다른 남성의 유전자를 지닌 자식에게 내 소중한 자원을 투자할 수도 있음을 의미하므로 남성은 이를 막기 위해 성적 질투 기제를 예민하게 발달시켰다. 반면 여성에게 남성 파트너의 정서적 배신은 내게 올 자원을 다른 대상과 나눠야 한다는 뜻, 즉 내 자식을 양육하는 데 막대한 손실을 입을 가능성을 의미하므로 여성은 이를 막기 위해 정서적 질투 기제를 날카롭게 발달시켰다.

우리 조상이 진화 과정에서 맞닥뜨린 문제를 해결하기 위해 노력했던 흔적은, 우리의 마음에 고스란히 남아 생존과 적응을 돕는다. 지금의 우리가 이성 관계에서 느끼게 되는 불편한 감정들, 특히 질투와 같은 기제는 진화의 흔적인 것이다.

○○　질투는 그렇게 단순한 감정이 아니다

진화심리학의 관점에서는 남녀가 질투심을 느끼는 기제가 서로 다르게 진화했기 때문에 오늘날에도 남녀의 질투심에 차이가 나타나는 것으로 본다. 그러나 질투라는 감정은 단순히 생물학적 요인 때문이 아니라 서로에 대한 기대가 무너지는 순간에도 찾아든다.

예컨대 우리 마음에는 남성과 여성에 대해 일반적으로 생각하는 신념과 이미지가 있다. 사람들이 갖는 성별에 대한 신념을 바탕으로 남녀의 질투심을 분석한 연구에 따르면, 남성은 여성이 '반드시' 사랑하는 사람과 성관계를 맺는다고 생각하는 경향이 있다고 한다. 그래서 남성은 여성의 성적 배신에 이미 정서적 배신이 포함되어 있다고 생각한다는 것이다. 여성은 남성을 '종종' 상대를 사랑하지 않아도 성관계를 할 수 있는 존재로 인식한다고 한다. 따라서 파트너가 성적 배신을 저질렀다 하더라도 정서적 배신까지는 아닐 수 있다고 생각한다는 것이다.[61] 이처럼 남성과 여성이 서로에게 질투를 느끼는 지점이 다른 데는 진화에 의한 생물학적인 요인만 작용하는 것이 아니라 우리 마음속에 있는 젠더에 관한 인식도 영향을 미친다고 볼 수 있다.[62]

2010년에 발표된 국내 연구에서는 우리나라 성인 남녀 652명을 대상으로 남녀의 질투가 어떻게 다른지를 분석했다.[63] 연구진은 실험 참가자들에게 파트너의 배신 상황을 보다 구체적으로 설정해 제시했다.

"현재 내가 이성을 사귀고 있다고 가정한다면, 다음 둘 중 어느 쪽이 나를 힘들게 하겠습니까?"라는 질문과 함께 "내 파트너가 다른 이성과 성관계는 없었지만 정서적으로 가깝게 발전해버린 경우"와 "내 파트너가 다른 이성과 정서적으로 가깝지는 않은 상태에서 단순히 성관계를 가졌을 경우" 중 선택하게 했다. 또한 연구진은 성적 배신과 정서적 배신 중 무엇을 선택하는지만 측정한 것이 아니라, 제시된 질문에 마음이 힘든 정도를 점수로 매기게 했다. 전혀 힘들 것 같지 않을 때를 0점, 매우 힘들 것 같을 때를 10점으로 측정해 그 점수를 분석한 것이다.

연구 결과 남녀 차이가 매우 뚜렷했다. 진화심리학적 관점과 동일하게 남성은 여성 파트너의 성적 배신에 더 심한 질투를 느꼈고, 여성은 남성 파트너의 정서적 배신에 더 큰 질투심을 느꼈다. 점수를 매기게 한 결과에서도 남성은 성적 배신을, 여성은 정서적 배신을 힘들어 했다.

연구는 조금 특이하게도 배신감을 느끼게 되는 입장, 즉 질투를 하는 입장이 아니라 질투를 유발하는 입장에서 느낄 죄책감의 정도도 측정했다. 내가 파트너를 배신했다고 상상하고 그 마음을 살펴본 것이다. 연구 방법은 질투심을 측정했던 방식과 같았지만, 마음이 질투가 아닌 죄책감으로 바뀌니 남성과 여성 간 차이가 사라졌다. 여성이건 남성이건 정서적 배신이 아니라 성적 배신 상황에 더 큰 죄책감을 느꼈다.

질투심에 관한 여러 연구 결과에 미루어 짐작해보면, 질투심은 위협을 느낄 때 유발되는 마음이다. 질투는 내 파트너가 나를 떠나버리거나 현재 유지되고 있는 관계가 망가질지도 모른다는 불안감에서 오는 마음이다. 우리에게 질투의 마음이 발달한 건 관계의 위기를 예민하고 날카롭게 알아차리고 이에 따른 적절한 조치를 취하라는 경고 신호를 보내기 위해서다. 나와 내 파트너의 유대를 지키기 위한 마음인 것이다.

반면 파트너에게 죄책감을 느낀다는 건 이런 유대 관계에 위협을 가한 장본인이 본인임을 인정하는 것이 된다. 남성과 여성 모두 정서적 배신보다 성적 배신에 더 큰 죄책감을 느낀다는 건 정서적 배신에 죄책감이 없다는 게 아니라 죄책감을 느낄 만한 상황조차 아니었음을 강력히 주장하고 싶어서다.

"성적 배신은 이미 벌어진 상황이므로 미안할 일이다. 그러나 정서적 배신은 반드시 오해다. 나는 파트너를 기만하지 않았고 나와 내 파트너의 관계는 문제가 없어야 한다."

○○   존재감에 위기를 느낄 때 생기는 정서

성적 배신과 정서적 배신 중 조금 더 견딜만 한 쪽을 가리는 일은 무의미할 수 있다. 두 상황은 구분할 것 없이 상대에게 고통과 상처를 준다. 힘든 정도를 점수로 매기게 한 연구에서도 어떤 상황에서든 전혀 힘들지 않다는 대답은 없었다.

질투는 존재감에 위기를 느낄 때 생기는 정서다. 그 사람에게서 돌연 가벼워질지도 모르는 내 존재감, 그 불안이 고통을 만들어낸다. 그래서 관계에서 질투심을 느꼈다는 것 자체가 이미 큰 상처다.

돌아보면 내 마음을 그토록 힘들게 했던 건 그 사람이 관심

보였던 어떤 대상이 아니었다. 그 대상이 받는 혜택이 부당하다고 생각해서 그랬던 것도 아니다. 나를 아프게 했던 건 오직 나 말고 다른 사람에게 관심을 보이던 그 사람의 마음, 나를 불안에 빠뜨리는 것조차 인식 못했던 그 사람의 무지함이었다. 나는 그 사람에게 온전히 사랑받고 싶었을 뿐이다.

질투심을 느끼던 내 마음을 내가 더 잘 이해했더라면 그때 그 사람과의 관계가 달라졌을까. 우리 마음의 기능은 이상한 것도 아니고 저급한 건 더욱 아닌데 돌이켜보면 안타까운 순간이 정말 많다. 사람이 하루하루를 살아간다는 건 이렇게 알아가는 마음들이 차츰 늘어간다는 뜻일지도 모르겠다.

불륜은 이해받을 수 있을까

개인적 차원과 맥락적 차원에서 살펴본 외도

○○

불륜 관계에는 두 사람을 하나로 묶어줄 표면적 이유가 하나도 없다.
오히려 두 사람을 갈라놓는 쪽으로 작용하는 힘은 많다.
예컨대 둘의 관계를 감추어야 하는 일,
배후에 존재하는 배우자나 가족들, 발각될 경우
평판이 바닥으로 추락할 위험 등 열거해보려면 한도 끝도 없다.

사랑하면 안 되는 사람이 나를 진심으로 사랑한다고 한다면, 이는 대단히 황홀한 경험일 것이다. 내가, 나의 존재가 갑자기 크고 가치 있다는 착각이 든다. 나를 특별하고 소중하게 생각해주는 사람이 있다는 것 자체가 가슴 아프도록 고맙다. 나는 어쩌면 누군가로부터 이런 사랑을 받고 싶었던 건 아니었을까. 나를 사랑한다는 이 사람, 나도 기꺼이 사랑하고 싶다. 이런 내 마음이 이렇게 쉽게 생길 수 있다는 것이 놀랍다. 욕망은 끓어올라 걷잡을 수 없이 커진다. 아무 대가 없이 서로에게 이끌리고 강렬하게 사랑을 나누는 것만큼 완전한 충족감을 안겨주는 경험이 또 있을까. 어쩌면 이런 경험을 통해 최고의 기쁨을 얻을지도 모르며 누구나 이런 기쁨은 한번쯤 누려보고 싶어 할지도 모른다. 인생에서 강렬한 힘을 가진 욕정은 결코 시시한 것이 아니다.

결혼한 사람끼리는 서로에게 마음 쓰고 신경 써야 할 이유가 아주 많다. 부부는 집과 살림을 공유하고 둘 사이 자녀가 있을 수도 있으며 혼자서는 엄두도 못 낼 온갖 일들에 힘을 합친다. 결혼은 공동체 내에서 지위를 확보하게 하고 관계를 인정받을 수 있게 하는 사회적 약속이다.

부부 관계를 유지시켜주는 중요한 기반은 사실 이런 '표면적' 이유들이다. 설령 부부 사이가 나빠도 이들을 한데 묶어주는 요소는 넘치도록 많다. 그만큼 부부는 각자의 삶보다 부부로서의 삶을 내면화한 사람들이다. 서로에게 더 이상 애정을 느끼지 못한다 해도 결혼 생활을 유지하며 사는 데 큰 문제가 없다.

반면 불륜 관계에는 두 사람을 하나로 묶어줄 표면적 이유가 하나도 없다. 오히려 두 사람을 갈라놓는 쪽으로 작용하는 힘은 많다. 예컨대 둘의 관계를 감추어야 하는 일, 각자에게 존재하는 배우자나 가족들, 발각될 경우 평판이 바닥으로 추락할 위험 등 열거해보려면 한도 끝도 없다. 불륜 관계를 유지하게 하는 힘은 오로지 두 사람의 열정적인 애정뿐이다. 물론 두 사람에게만은 이것이 두 사람을 묶는 아주 대단한 조건일 수 있으나 그것말고는 없다.

2017년 우리나라 가정법원의 발표를 보면, 부부가 이혼하는 사유 중 세 번째로 많이 꼽힌 것이 '배우자의 외도'라고 한다. 이혼 사유 1위는 부부 간의 성격 차이인데, 성격 차이의 근간에도 서로 신뢰를 깨뜨리는 배신이 포함될 수 있음은 쉽게 예상 가능하다.

노골적으로 외도를 권하는 기혼 남녀 만남 중개 사이트인 '애슐리 매디슨Ashley Madison'의 가입자 정보가 유출돼 한때 큰 이슈가 된 적이 있다. 한 언론의 분석에 따르면 가입 당시 자신의 국가를 '대한민국'이라고 표시한 사람은 무려 66만 7296명이었다.[64] 가입자 숫자로는 전체 53개 국가 가운데 9위, 인구 대비 가입자 비율로는 17위였다. 이러한 단면들만 보더라도 변치 않는 사랑을 자랑하며 만족스러운 부부 관계를 유지하는 사람은 오히려 드문 것 같다.

불륜에 빠진 사람들, 다시 말해 온 마음을 송두리째 빼앗긴 채 위험하고 금지된 사랑에 휘말린 사람들은 아무런 계산 없이 자기를 아껴주는 사람이 곁에 있다고 의심 없이 믿는다. 이런 사랑을 통해 아무것도 얻을 것이 없고 오로지 잃을 것뿐인데도 상대가 자신을 사랑해준다고 믿는 것이다. 게다가 이런 믿음이 완전히 틀렸다고도 할 수 없다.

불륜은 우리 주변에서 흔하게 일어나는 관계의 '사건'이다. 게다가 불륜은 특이한 성향을 가진 소수 사람들이 저지르는 비윤리적인 행위가 아니다. 달리 말하면, 누구나 자신의 파트너를 배신할 수 있고 불륜과 같은 외도를 할 수 있다.

물론 나는 외도가 결코 괜찮은 일이라고 생각하지 않는다. 그렇다고 완전히 부도덕하고 이상한 짓이라고만 볼 일은 아니라고 생각한다. 다만 외도가 인간에게 매우 소중한 것을 심각하게 파괴한다고 믿는다. 따라서 외도를 단순히 비도덕적인 행위로 치부해 제쳐놓을 것이 아니라 '왜' 그런 일이 벌어지는지를 생각해보고 이해해보고 또 다방면으로 살펴보아야 한다고 생각한다.

○○   불륜은 왜 일어날까

기혼 남녀의 외도를 연구한 앨프레드 킨제이Alfred C. Kinsey 박사의 연구 결과에 따르면, 40대 기혼 남성의 50퍼센트와 기혼 여성의 25퍼센트에게 외도의 경험이 있다고 한다.[65] 우리는 결혼이 파경에 이르는 원인, 결혼 관계의 불만족을 야기하는 주된 요인으로 배우자의 배신을 꼽는다. 사실 부부 사이의 배신을 성적인 일탈 행위만으로 국한해 생각할 수는 없다. 그 밖에 훨씬 더 많은 것이 포함될 수 있다.

진화심리학자 데이비드 버스는 외도를 성적 외도와 정서적 외도로 구분했다.[66] 미국의 심리학자 윌러드 할리Willard F. Harley도 외도를 성적 외도와 정서적 외도로 구별했는데, 정서적 외도는 이미 성관계를 가졌을 가능성이나 나중에 성관계로 발전할 가능성을 충분히 내포하고 있기 때문에 성적 외도와 마찬가지로 위협적이라고 주장했다.[67] 배우자 이외의 다른 사람과 사랑에 빠져 있고, 언어적이든 비언어적이든 사랑을 표출했다면 외도로 보는 것이다. 또한 불륜을 오랫동안 연구한 미국의 심리학자 에밀리 브라운Emily Brown은 결혼 생활에 쏟아야 할 삶의 에너지를 다른 이성에게 쏟고 있다면 무조건 외도로 보아야 한다고 보고, 성적 외도보다는 정서적 영역을 훨씬 중요한 요소로 생각해야 한다고 했다.[68]

정서적 영역이 중요한 이유는 그것이 성적 외도로 발전할 수 있는 이유 때문만은 아니다. 배우자가 아닌 다른 사람에게 마음을 열게 된 정서적 외도의 이유를 이해하는 일은 망가진 결혼 관계의 실마리를 찾아주는 일이기 때문이다.

외도의 정서적 원인을 다룬 이론은 크게 '개인적 차원'과 '맥락적 차원'으로 구분해볼 수 있다.[69] 개인적 차원에서는 외도의 원인을 불륜 관계를 맺는 사람의 기질적 특성trait이나 정신분석적 관점 또는 애착 문제로 바라본다. 지나치게 자유방임적인 사람, 억제 능력이 낮고 지루함을 참기 힘들어하는 성격일수록 쉽게 불륜 관계에 빠질 수 있다고 보는 것이다. 정신분석적 관점에서는 외도가 성격장애나 결함으로 인해 일어난다고 바라본다. 애착 관점의 연구에서는 유아기 애착 문제로 인해 자기애성 성격장애 narcissistic personality disorder의 특성이 높은 사람이 연애를 할 때 외도를 더 많이 한다고 보기도 한다.

불륜을 저지른 사람은 분명 도덕적 질타에서 자유로울 수 없고, 실제로 성격에 큰 문제가 있을 수도 있다. 그러나 외도의 원인을 개인적 성격이나 특성에서만 찾기에는 그 설명이 부족해 보인다.

○○　실패한 관계가 초래한 결과

이제 외도의 개인적 요인을 넘어 그 사람이 배우자와 어떤 관계를 맺어왔는지, 주변 환경과 사회적 요인에는 무엇이 있었는지 등에 초점을 맞추는 '맥락적 차원'의 접근을 살펴보자. 한 국내 연구는 부부 관계의 불만족이 불륜의 원인 중 가장 큰 비중을 차지한다고 밝혔다.[70] 부실한 의사소통, 공통적인 삶의 목적 부재, 너무 다른 관심사와 소외감 등으로 결혼 관계가 불만족스러워지자 정서적 따뜻함과 지지를 찾기 위해 다른 관심사, 특히 다른 사람에게 관심이 생긴 것이라는 설명이었다.

맥락적 차원은 외도가 누구 한 사람 때문에 벌어지는 일이라고 해석하는 것을 경계한다. 결혼 생활은 두 사람의 기계적 결합이 아니라 서로 다른 물감이 섞여 전혀 새로운 색이 되는 유기적 조화로 보아야 한다는 측면에서 이러한 관점은 의의가 있다. 즉,

외도란 서로의 욕구와 기대를 충족시키지 못해 부부 관계가 악화된 결과 자신을 지지하고 돌봐줄 사람, 욕구를 충족시켜줄 대상을 찾는 과정에서 벌어지는 일이라는 것이다. 외도를 '맥락적 차원'에서 살펴보는 것은 불륜이라는 사회적 현상을 폭넓게 이해하기위해 필요한 일이다.

맥락적 차원에서 바라보면 불륜은 실패한 관계가 초래한 결과일 가능성이 높다. 사랑받고, 인정받고 있다는 느낌은 사람을 살게 하는 힘이다. 사람은 한 인간으로서 관심과 인정을 끊임없이갈망한다. 불행히도 가장 가까운 사람에게 이것을 받지 못하면 결핍된 욕구를 채워줄 다른 사람을 또는 다른 사랑을 자연스럽게 찾게 된다.

세인트루이스 워싱턴대학교 윌리엄 바르타[William D. Barta] 교수는 연구를 통해 상대에게 느끼는 정서적 불만족과 분노, 상대가나를 무시한다는 생각 등이 외도의 주된 동기로 나타났다고 밝혔다.[71] 그뿐 아니라 바르타 교수 연구에서는 상대에게 복수하고 싶은 마음, 배우자에게 관심을 얻고 싶은 마음에 바람을 피웠다고고백한 사람들도 있었다. 어쩌면 누군가에게 외도는 현재 망가진관계를 회복하고자 하는 불행하고 처절한 구호 신호였을지도 모른다.

◦◦　　사건의 본질로 들어가는 길목

이렇게 맥락을 찬찬히 바라보자고 해서 배신당한 사람에게
도 책임이 있다고 몰아세우는 것은 단연코 아니다. 불륜과 같은
부도덕한 행위를 이해하라는 것은 더더욱 아니다. 배우자 어느 한
쪽이 부정을 저지른 뒤에 가정이 깨지지 않는다 하더라도 결혼 생
활은 이미 심각한 손상을 입거나 회복할 수 없는 지경에 이른다.
이런 의미에서 불륜은 두말할 나위 없이 결혼 생활을 파괴하는 행
위다.

　문명사회가 시작한 이래 사람들은 규정, 금지, 법, 터부, 관습
등 다양한 제도를 동원해 결혼을 의식으로 정착시켰고 혼인 관계
를 간단하게 끝낼 수 없도록 해왔다. 혼인 관계보다 약하기는 하
지만 혼인신고를 하지 않은 사람들의 사랑도 법적으로 보호해왔
다. 이는 물론 사회질서뿐 아니라 존재할 수도 있는 자녀를 보호
하기 위해서이기도 하다.

　하지만 사람 사이에는 한없이 선한 일도, 한없이 악한 일도
충분히 생길 수 있다. 불륜과 같은 사건은 인간 사회에 너무 흔하
고, 엄숙한 어조의 도덕 명령이나 규칙만으로 인간의 욕망을 통제
하기란 어렵다.

　우리는 살인하지 말라는 계명을 강조한다고 해서 범죄를 막
지 못한다는 것을 안다. 마찬가지로 간음하면 안 된다고 강조하

고 외도가 얼마나 나쁜 일인지를 설명하는 것만으로 이토록 흔히 일어나는 불륜을 막거나 배우자의 외도로 인한 고통을 덜 수는 없다.

　외도를 단순히 부도덕한 것으로 치부해 제쳐놓지 말고, 사람 사이에 불륜 같은 배신행위가 일어나는 원인을 먼저 이해해보아야 하지 않을까. 불륜에 빠지는 이유를 이해하기 위한 노력들은, 시도만으로도 그동안 공고히 쌓아올린 법과 도덕을 무너뜨리는 것이라며 오해를 산다. 그러나 어떤 '사건'을 개인 탓으로만 돌리기보다 그 일이 벌어진 이유를 반 발짝 떨어져 객관적인 눈으로 살펴보는 일은, 사건의 본질로 들어가는 길목을 열어주는 일이 될 것이다.

짝사랑은 사랑일까, 아닐까

불평등한 사랑과 평등한 사랑의 차이

○○

사랑 경험 중에서도 짝사랑은 특히 개인적이고 내밀하다.
그런 특성이 역설적이게도 다양한 형태의 짝사랑을 가능하게 한다.
누군가에게는 좋아하긴 했지만 사랑은 아니라고 할 수 있을 기억이,
누군가에게는 연애보다 더욱 애절했던 사랑 경험일 수 있다.

번잡하지 않을 시간에 전철을 탔다. 앉을 자리를 찾아 둘러보던 찰나에 어떤 남자에게 시선이 꽂혔다. 조금 놀랐는지 가슴이 두근거렸고 식은땀이 살짝 났다. 빈자리가 보였지만 나는 굳이 그 사람 근처로 가 섰다. 고개를 숙이고 휴대폰을 보던 남자가 혹시 고개를 들어보이진 않을까 하고 생각했다. 나는 이 사람이 내가 아는 '그'가 아니라는 걸 알고 있었다. 그가 이 시간에 이 동네에서 전철을 탈 리가 만무했다. 게다가 내가 아는 그에 비해 이 남자는 너무 어리다.

그럼에도 나는 왜 이 남자 곁으로 가서 섰을까. 그 사람이었으면 좋겠다는 마음이었던 걸까. 고개를 들어 나를 보고 놀라움과 반가움이 섞인 표정으로 인사해주기를 바랐던 걸까. 시간이 얼마나 흘렀는데 나는 여전히 그와 비슷한 사람만 봐도 심장이 발등까지 떨어진다.

두 정거장쯤 지났을 때 남자는 일어나 전철에서 내렸다. 오래 전, 그를 처음 본 것도 지금처럼 사람들이 적당히 많은 곳에서였다. 키가 큰 편이었고 손톱이 깔끔했고 잘 웃었지만 말수는 적었다. 내가 좋아하는 색깔의 셔츠를 입었고 내가 동경하는 분야를 전공했다고 얼핏 들었다. 그는 내 존재를 몰랐고 아주 나중에서야 안면을 텄다. 물론 그때 나도 그에 대해 자세히 아는 바는 없었다.

그 사람을 알고 난 이후 시간은 느리게 흘렀다. 알고 싶어서 답답하다가 알 길이 있어도 불안했다. 단 한 번이라도 그 사람이 나를 생각해주기를 바랐다. 그리고 기억해주기를 기도했다. 그러나 마음이란 게 생기는 거지 붙잡는다고 오는 건 아니어서 진심으로 막막했다. 방법이 없어 보였다. 그는 나를 흔든 적이 없는데 나는 삶 전체가 휘청거렸다.

짝사랑은 감정의 주권에서 한 발짝 물러서는 일이다. 그러니 마음의 평온은 기대할 수가 없다. 나는 내 마음에 대해 생각했다. 내가 그 사람 곁에 있고 싶은 것인지, 그 사람을 내 곁에 두고 싶은 것인지. 분명한 건 나는 그 사람에게 한 번도 직접 위로받아본 적이 없었지만 그의 존재 자체가 그때 내 삶에 커다란 위안이었다는 것이다.

○○   불평등한 사랑

짝사랑은 흔하다. 미국의 사회심리학자 로이 바우마이스터

Roy F. Baumeister는 짝사랑이 흔한 건 '쉽기' 때문이라고 설명한다.[72] 서로 사랑하는 연인 관계와 비교할 때 상대방에게 훨씬 적게 투자하고 덜 의존한다는 점에서 그렇다. 그래서 짝사랑은 자주 발생하는 사랑의 형태다.

남성의 짝사랑과 여성의 짝사랑은 어떻게 같고 다를까. 인디애나-퍼듀대학교 심리학과 크레이그 힐Craig A. Hill 교수 연구팀이 젊은 성인들을 대상으로 조사한 결과 여성에 비해 남성이 짝사랑을 훨씬 많이 경험하는 것으로 나타났다.[73] 베이징사범대학교 천샤오Chen Xiao 교수 연구팀의 연구 결과에서도 남성이 여성에 비해 짝사랑 경험이 많은 것으로 조사됐다. 뿐만 아니라 남성은 여성에 비해 더 어릴 때 짝사랑을 경험하는 것으로 나타났다.[74]

힐 교수와 샤오 교수의 연구 내용을 보고 '남성이 여성에 비해 짝사랑 경험이 많고 더 이른 나이에 짝사랑을 한다'고 얼른 결론 내릴 수도 있으나, 짝사랑처럼 사랑 경험을 묻는 질문에 남성이 훨씬 더 개방적인 태도로 대답할 수 있음도 고려해볼 일이다.

두 연구의 공통된 논의에 따르면 짝사랑뿐 아니라 전반적인 '사랑'에 대해 남녀가 느끼는 마음의 무게감은 달랐다. 여성에게 사랑은 사회적 관계, 자아실현, 생존 등과 같은 인생의 핵심적인 요소들과 자연스럽게 연결되어 있었지만, 남성은 사랑을 그 정도로 무겁게 받아들이지 않았다.

사랑 경험이 많다고 말하는 남성에게 보내는 사회적 시선과 사랑 경험이 많다고 말하는 여성에게 보내는 사회적 시선은 엄연히 다르다. 여성에게 사랑의 기억을 손꼽아보는 일이란, 일생일대의 경험인지 아닌지를 신중히 따져보아야 하는 일이 되기도 한다. 반면에 남성에게는 그토록 고심할 일이 아닐는지 모른다. 짝사랑이었든 연애였든 '빨랐고 많았다'고 마음 편히 대답할 수 있을 정도로 사회적 시선은 남성에게 관대하다.

○○   짝사랑의 유형에 관한 실험

사랑 경험 중에서도 짝사랑은 특히 개인적이고 내밀하다. 그런 특성이 역설적이게도 다양한 형태의 짝사랑을 가능하게 한다. 누군가에게는 좋아하긴 했지만 사랑은 아니라고 할 수 있을 기억이, 누군가에게는 연애보다 더욱 애절했던 사랑 경험일 수 있다. 사회심리학자 로버트 브링글Robert G. Bringle과 그의 연구진은 짝사랑 유형에 관한 실험을 했다.[75] 성인 318명에게 다양한 사랑의 유형을 제시한 뒤, 각 유형을 경험한 나이, 경험 횟수, 지속 기간, 상대를 향한 감정의 강도를 작성하도록 주문했다. 제시된 사랑의 유형은 여섯 가지였다. 그중 다섯 가지는 짝사랑으로 부를 만한 불평등한 사랑의 모습이었고, 다른 한 가지는 동등하고 평등한 사랑의 모습이었다.

- 영화배우나 가수, 운동선수처럼 개인적으로 친분을 쌓기 어려운 사람에게 느끼는 특별한 호감.
- 어떤 사람에게 사랑하는 감정을 느끼지만 그 사람에게는 내 마음을 말할 수 없는 상태.
- 그 사람과 연인 관계가 되고 싶지만 아직까지 그 사람의 마음을 얻지 못한 경우.
- 그 사람과 관계가 이미 정리되었지만 여전히 그 사람만을 기다리고 있는 상태.
- 그 사람과 연인 관계는 맞지만 언제나 내가 그 사람을 더 사랑하고 그 사람의 사랑을 얻기 위해 애쓰는 관계.
- 서로 평등하게 사랑하는 연인 관계.

실험 참가자들이 몇 년 간 자신의 경험을 돌아보고 각 유형별 감정을 채점한 결과, 주로 불평등한 사랑을 경험했으며 그 횟수가 평등한 사랑에 비해 4배 넘게 많았다. 대신 불평등한 사랑이라고 정의할 수 있는 다섯 가지의 사랑 유형은 지속 기간이 길지 않았다. 상대를 향한 감정의 강도 또한 평등한 사랑에 비해 낮았다. 누구에게나 짝사랑, 즉 불평등한 사랑의 경험은 흔하다.

그렇다면 짝사랑이 오래 지속되지 못하는 까닭은 무엇일까? 연구진은 서로 마음을 나눌 수 없기 때문이라고 해석한다. 일방통행식 사랑은 금세 지친다. 사랑하는 대상과 마음을 나눌 수 없으

면 열정은 식기 십상이다. 사랑을 지속할지 말지를 결정하는 요건
은 현실가능성 여부다.

　브링글 연구진은 짝사랑 유형을 분석하는 실험에 이어 일반
적인 의미의 사랑, 즉 평등한 사랑과 짝사랑은 어떻게 다른지, 그
리고 과연 짝사랑을 사랑이라고 할 수 있는지를 두고 연구를 진행
했다. 불평등한 사랑의 경험을 사랑이라고 할 수 있는지에 관해
여성과 남성이 의견을 달리 했다.

　여성은 불평등한 사랑의 첫 번째 유형, 즉 '영화배우나 가수,
운동선수처럼 개인적으로 친분을 쌓기 어려운 사람에게 느끼는
특별한 호감'은 단순한 추억일 뿐 대부분 짝사랑이라 말할 수 없
다고 했다. 사랑이 이루어지기 위해 갖추어야 할 조건 중에 현실
가능성이 전혀 없는 경우는 배제한 것이다. 그러나 남성은 가능
성이 없었더라도 사랑의 경험에서 배제하는 것에 동의하지 않았
다. 일종의 '사랑에 빠지는 연습'과 같은 소중한 기억이라고 평가
했다.

　짝사랑에 대한 남녀의 생각차이는 뚜렷하다. 여성은 사랑받
을 수도 있었지만 그렇지 못했던 기억으로 평가한 반면, 남성은

내가 누군가를 사랑했다는 경험 자체에 의미를 부여했다.

불평등한 사랑이 평등한 사랑과 다르게 아픈 경험이라는 점은 다섯 가지의 불평등한 사랑을 하면서 느꼈던 감정과 기억을 서술한 것에서 드러났다. 갈망, 집착, 공허, 불안과 절망 등의 감정을 느꼈다고 서술했고, 우울과 낮은 자존감을 느꼈다고도 했다. 물론 평등한 연인 관계에 대해서도 부정적인 감정을 토로했다. 사랑이 긍정적인 느낌에만 국한되지 않는다는 것을 누구나 잘 알고 있는 것이다. 불안과 집착은 불평등한 사랑에서 느낀 감정과 다를 바 없이 존재했고, 반대로 불평등한 사랑에 대해서도 열정과 희생하고 싶은 마음, 위로와 위안을 느낀다고 했다. 다만 그 강도를 채점해보라고 했을 때 긍정적인 감정들은 평등한 사랑에서 높았지만 부정적인 감정들은 불평등한 사랑에서 높았다.

기억을 더듬어보면 나에게 짝사랑은 분명 연애 경험만큼이나 소중하다. 하지만 누군가가 내 짝사랑을 두고 사랑이었냐고 묻는다면 그렇다고 대답할 수가 없다. 나는 그 사람에게 사랑을 준 적이 없다. 사랑이라 말하고 싶지만 아닌 이유는 너무도 명백하다. 내 마음을 그 사람에게 전하지 못했고 그래서 사랑받지 못했다.

상대방이 받지 못한 어떤 마음을 사랑이라 우길 수는 없는 일이다. 상대방이 불쾌하거나 불편할 마음이라면 아무리 애틋하고 간절한 마음인들 사랑이라 할 수 없다.

후주

1부

1   Hess, E. H. (1965). Attitude and pupil size. *Scientific American, 212*(4), 46 - 55.

2   Platoni, K. (2015). "We Have the Technology: How Biohackers, Foodies, Physicians, and Scientists Are Transforming Human Perception, One Sense at a Time." Hachette UK.

3   Ochsner, K. N., Zaki, J., Hanelin, J., Ludlow, D. H., Knierim, K., Ramachandran, T., Glover, G. H., & Mackey, S. C. (2008). Your pain or mine? Common and distinct neural systems supporting the perception of pain in self and other. *Social Cognitive and Affective Neuroscience, 3*(2), 144 - 160.

4   Eisenberger, N. I. (2012). Broken hearts and broken bones: A neural perspective on the similarities between social and physical pain. *Current Directions in Psychological Science, 21*(1), 42 - 47.

5   Eisenberger, N. I., Lieberman, M. D., & Williams, K. D. (2003). Does rejection hurt? An fMRI study of social exclusion. *Science, 302*(5643), 290 - 292.

6   DeWall, C. N., MacDonald, G., Webster, G. D., Masten, C. L., Baumeister, R. F., Powell, C., Combs, D., Schurtz, D. R., Stillman, T. F., Dianne M. Tice, D. M., & Eisenberger, N. I. (2010). Acetaminophen reduces social pain: Behavioral and neural evidence. *Psychological science, 21*(7), 931 - 937.

7   Kross, E., Berman, M. G., Mischel, W., Smith, E. E., & Wager, T. D. (2011). Social rejection shares somatosensory representations with physical pain. *Proceedings of the National Academy of Sciences, 108*(15), 6270 - 6275.

8   Panksepp, J. (2005). Affective consciousness: Core emotional feelings in animals and humans. *Consciousness and cognition, 14*(1), 30 - 80.

9   Davies, J. B. (1978). "The psychology of music". Stanford: Stanford University Press.

10 Rubin, D. C., Wetzler, S. E., & Nerbes, R. D. (1986). "Autobiographical memory across the lifespan." In D. C. Rubin (Ed.), Autobiographical memory, Cambridge University Press, 202 - 221.

11 Fitzgerald, J. M., Slade, S., & Lawrence, R. H. (1988). Memory availability and judged frequency of affect. *Cognitive therapy and research, 12*(4), 379 - 390.

2부

12 Xu, F., Bao, X., Fu, G., Talwar, V., & Lee, K. (2010). Lying and truth-telling in children: From concept to action. *Child development, 81*(2), 581 - 596.

13 Talwar, V., & Lee, K. (2002). Emergence of white - lie telling in children between 3 and 7 years of age. *Merrill - Palmer Quarterly, 48*(2), 160 - 181.

14 이지혜, 송하나 (2014). 아동의 연령, 공감능력 및 조망수용 능력이 이타적 거짓말에 미치는 영향. *한국아동학회지, 35*(4), 167 - 177.

15 Davis, M. H. (1994). Empathy: A social psychological approach. Westview Press.
    Heyman, G. D., Sweet, M. A., & Lee, K. (2009). Children's reasoning about lie-telling and truth-telling in politeness contexts. *Social Development, 18*(3), 728 - 746.

16 Underwood, B., & Moore, B. (1982). Perspective - taking and altruism. *Psychological bulletin, 91*(1), 143.

17 Bloom, P. (2013). "Just babies: The origins of good and evil." Broadway Books.

18 Redelmeier, D. A., & Tversky, A. (1996). On the belief that arthritis pain is related to the weather. *Proceedings of the National Academy of Sciences, 93*(7), 2895 - 2896.

19 Fine, C. (2008). "A mind of its own: How your brain distorts and deceives." WW Norton & Company.

20 Rule, N. O., & Ambady, N. (2008). The face of success: Inferences from chief executive officers' appearance predict company profits. *Psychological science, 19*(2), 109 - 111.

21 Chance, P. (2013). "Learning and behavior." Nelson Education.

22 오근재 (2014). 퇴적공간. 민음인.

23 상동.

24 한민, 이훈진, 최인철, 김범준 (2013). 60대 한국인의 심리적 특성: 정서, 사고방식, 가치관의 연령대별 비교. *한국노년학, 33,* 661 - 679.

25 주미정, 이재식 (2016). 운전 능력에 대한 주관적 평가가 고령 운전자의 이동성과 주관적 안녕감에 미치는 영향. *감성과학, 19*(2), 67 - 78.

26 Hartshorne, J. K., & Germine, L. T. (2015). When does cognitive functioning peak? The asynchronous rise and fall of different cognitive abilities across the life span. *Psychological science, 26*(4), 433 - 443.

27 정영숙 (2011). 한국 여성 노인의 잘 나이 들기. *한국고전여성문학연구, 23,* 5 - 56.

28 안정신, 정영숙, 서수균 (2013). 성숙한 노화 태도와 성공적 노화 및 심리사회적 성숙의 관계. *한국심리학회지: 발달, 26*(2), 127 - 147.

29 김비아, 김준영, 김신윤, 이고은 (2017). 고관절 전치환술 전후 노인 환자의 인지 기능 비교. *여성학연구, 27*(3), 231 - 255.

30 Wong, P. T., Reker, G. T., & Gesser, G. (1994). Death Attitude Profile - Revised: A multidimensional measure of attitudes toward death. "Death anxiety handbook: Research, instrumentation, and application", 121 - 148.

31 Kübler - Ross, E. (1969). "On death and dying." New York: Macmillan.

32 이화진, 정영숙 (2018). 중년의 죽음 태도와 행복: 물질주의와 의미추구 성향의 매개효과 검증. *한국심리학회지: 발달, 31*(1), 129 - 149.

33 김지현, 민경환 (2010). 노년기의 죽음에 대한 태도와 죽음 대처 유능감에 영향을 주는 변인에 대한 연구. *한국심리학회지: 사회 및 성격, 24*(1), 11 - 27.

34 정영숙, 이화진 (2014). 중년기의 성숙한 노화와 죽음 태도 및 죽음 대처 유능감의 관계. *한국심리학회지: 발달, 27*(2), 131 - 154.

3부

35 Al - Chalabi, A., Turner, M. R., & Delamont, R. S. (2008). "The Brain: A Beginner's Guide." Oneworld Publications.

36 신현정 역 (2016). 인지심리학(7판). 박학사. 원저: Sternberg, R. J., & Sternberg, K. (2016). Cognitive Psychology (7th ed.). Cengage Learning.

37 Maylor, E. A. (1990). Age and prospective memory. *The Quarterly Journal of Experimental Psychology, 42*(3), 471 - 493.

38 Brandimonte, M. A., Einstein, G. O., & McDaniel, M. A. (2014). "Prospective memory:

Theory and applications." Psychology Press.

39 이고은, 신현정 (2014). 속담에 내포된 전통적 시간조망과 현대 한국인의 시간조망. *한국민족문화, 53*, 205 - 234.

40 이고은, 김비아, 신현정 (2017). 부산, 경남 지역 직장인을 대상으로 살펴본 한국인의 시간조망과 행복. *인문과학, 64*, 225 - 262.

41 이고은, 신현정 (2018). 손실과 이익 경험이 주관적 시간 지각에 미치는 영향. *한국심리학회지: 일반, 37*(1), 105 - 125.

42 Kahneman, D., Knetsch, J. L., & Thaler, R. H. (1990). Experimental tests of the endowment effect and the Coase theorem. *Journal of political Economy, 98*(6), 1325 - 1348.

43 Zakay, D. (1993). Relative and absolute duration judgments under prospective and retrospective paradigms. *Perception & Psychophysics, 54*(5), 656 - 664.

44 이고은, 신현정 (2012). 주의 분산, 기다림의 이유, 시간 단서가 기다림 시간 추정에 미치는 영향. *인지과학, 23*(1), 73 - 95.

45 Larson, R. C., Larson, B. M., & Katz, K. L. (1991). Prescription for Waiting-in Line Blues: Entertain, Enlighten and Engage. *Sloan Management review, 32*, 44 - 55.

46 Hui, M. K., & Tse, D. K. (1996). What to tell consumers in waits of different lengths: An integrative model of service evaluation. *The Journal of Marketing, 60*(2), 81 - 90.

4부

47 Fehr, B., & Russell, J. A. (1991). The concept of love viewed from a prototype perspective. *Journal of Personality and Social Psychology, 60*(3), 425 - 438.

48 Epley, N., & Whitchurch, E. (2008). Mirror, mirror on the wall: Enhancement in self - recognition. *Personality and Social Psychology Bulletin, 34*(9), 1159 - 1170.

49 Lerouge, D., & Warlop, L. (2006). Why it is so hard to predict our partner's product preferences: The effect of target familiarity on prediction accuracy. *Journal of Consumer Research, 33*(3), 393 - 402.

50 Van Boven, L., Dunning, D., & Loewenstein, G. (2000). Egocentric empathy gaps between owners and buyers: misperceptions of the endowment effect. *Journal of personality and social psychology, 79*(1), 66.

51 Savitsky, K., Keysar, B., Epley, N., Carter, T., & Swanson, A. (2011). The closeness -

communication bias: Increased egocentrism among friends versus strangers. *Journal of Experimental Social Psychology, 47*(1), 269-273.

52   Swann Jr, W. B., & Gill, M. J. (1997). Confidence and accuracy in person perception: Do we know what we think we know about our relationship partners?. *Journal of personality and social psychology, 73*(4), 747.

53   Powers, K. E., Worsham, A. L., Freeman, J. B., Wheatley, T., & Heatherton, T. F. (2014). Social connection modulates perceptions of animacy. *Psychological science, 25*(10), 1943-1948.

54   Balas, B., & Thomas, L. E. (2015). Competition makes observers remember faces as more aggressive. *Journal of experimental psychology: general, 144*(4), 711-716.

55   Riener, C. R., Stefanucci, J. K., Proffitt, D. R., & Clore, G. (2011). An effect of mood on the perception of geographical slant. *Cognition and Emotion, 25*(1), 174-182.

56   Zeigarnik, B. (1927). Über das Behalten von erledigten und unerledigten Handlungen. *Psychologische Forschung, 9*, 1-85.

57   McGraw, K. O., & Fiala, J. (1982). Undermining the Zeigarnik effect: Another hidden cost of reward. *Journal of personality, 50*(1), 58-66.

58   Buss, D. M., Larsen, R. J., Westen, D., & Semmelroth, J. (1992). Sex differences in jealousy: Evolution, physiology, and psychology. *Psychological science, 3*(4), 251-256.

59   DeSteno, D., Valdesolo, P., & Bartlett, M. Y. (2006). Jealousy and the threatened self: Getting to the heart of the green-eyed monster. *Journal of Personality and Social Psychology, 91*, 626-641.

60   Buss, D. M., Shackelford, T. K., Kirkpatrick, L. A., Choe, J. C., Lim, H. K., Hasegawa, M., ... & Bennett, K. (1999). Jealousy and the nature of beliefs about infidelity: Tests of competing hypotheses about sex differences in the United States, Korea, and Japan. *Personal relationships, 6*(1), 125-150.

61   Harris, C. R., & Christenfeld, N. (1996). Jealousy and rational responses to infidelity across gender and culture. *Psychological Science, 7*(6), 378-379.

62   DeSteno, D. A., & Salovey, P. (1996). Evolutionary origins of sex differences in jealousy? Questioning the "fitness" of the model. *Psychological Science, 7*(6), 367-372.

63   고원경, 양동옥, 윤가현 (2010). 외도에 대한 질투 및 죄책감에서의 성차. *사회과학연구,*

21(2), 163 - 181.

64   http://www.wikitree.co.kr/main/news_view.php?id=232065.

65   Kinsey, A. C. (1998). "Sexual behavior in the human female." Indiana University Press.

66   Buss, D. M. (1992). Manipulation in close relationships: Five personality factors in interactional context. *Journal of Personality, 60*(2), 477 - 499.

67   Harley, W. F., & Chalmers, J. H. (1998). "Surviving an affair." Fleming H. Revell.

68   Brown, E. M. (2013). "Patterns of infidelity and their treatment." Routledge.

69   Hendrick, S., & Hendrick, C. (1987). Multidimensionality of sexual attitudes. *Journal of Sex Research, 23*(4), 502 - 526.

70   최영아, 박경 (2015). 외도자의 외도 원인에 대한 고찰. *한국심리치료학회지, 7*(1), 69 - 84.

71   Barta, W. D., & Kiene, S. M. (2005). Motivations for infidelity in heterosexual dating couples: The roles of gender, personality differences, and sociosexual orientation. *Journal of Social and Personal Relationships, 22*(3), 339 - 360.

72   Baumeister, R. F., & Wotman, S. R. (1994). "Breaking hearts: The two sides of unrequited love." New York, NY: Guilford Press.

73   Hill, C. A., BLAKEMORE, J. E., & DRUMM, P. (1997). Mutual and unrequited love in adolescence and young adulthood. *Personal Relationships, 4*(1), 15 - 23.

74   Xiao, C., Jian, S., Haixu, D., & Campus, Z. (2013). College Students' Unrequited Love and Its Relationship with Adult Attachment. *China Journal of Health Psychology, 10*, 061.

75   Bringle, R. G., Winnick, T., & Rydell, R. J. (2013). The prevalence and nature of Unrequited Love. *SAGE Open, 3*(2), 1 - 15.

참고문헌

1부

유상욱, 신현정 역 (2012). 시각 심리학. 시그마프레스. 원저: Solso, R. L. (1994). Cognition and the Visual Arts. MIT Press.

Epley, N. (2015). "Mindwise: Why we misunderstand what others think, believe, feel, and want." Vintage.

Restak, R. M. (2014). "The Big Questions: Mind." Quercus.

Loveday, C. (2016). "The Secret World of the Brain: What It Does, How It Works, and How It Affects Behavior." Metro Books, New York.

Berntsen, D., & Rubin, D. C. (2002). Emotionally charged autobiographical memories across the life span: The recall of happy, sad, traumatic and involuntary memories. *Psychology and aging, 17*(4), 636-652.

Wilk, M. (2008). "They're Playing Our Song: Conversations with America's Classic Songwriters." Easton Studio Press LLC.

2부

김민식 (2016). 딱딱한 심리학. 현암사.

김민식, 감기택 역 (2010). 심리학 실험법(7판). Cengage Learning Korea. 원저: Martin, D. W. (2007). Doing psychology experiments (7th ed.), Thomson Learning Inc., USA.

Baumeister, R. F., & Tierney, J. (2011). "Willpower: Rediscovering the greatest human strength." Penguin.

Chance, P. (2013). "Learning and behavior." Nelson Education.

Francis, D., & Kaufer, D. (2011). Beyond nature vs. nurture. *The Scientist, 25*(10), 94.

Kidd, C., Palmeri, H., & Aslin, R. N. (2013). Rational snacking: Young children's decision-making on the marshmallow task is moderated by beliefs about environmental reliability. *Cognition, 126*(1), 109 – 114.

Mischel, W. (1974). "Processes in delay of gratification." Academic Press.

Mischel, W., Shoda, Y., & Peake, P. K. (1988). The nature of adolescent competencies predicted by preschool delay of gratification. *Journal of personality and social psychology, 54*(4), 687 – 696.

Mischel, W., Shoda, Y., & Rodriguez, M. I. (1989). Delay of gratification in children. *Science, 244*(4907), 933 – 938.

고진석 (2013). 나는 왜 이렇게 사는가. 웅진서가.

신현정 역 (2013). 심리학의 오해(10판). 혜안. 원저: Stanovich, K. E. (2012). How to think straight about psychology (10ed.). Pearson.

Barlow, G. W. (1977). Modal action patterns. "How animals communicate", 98, 134.

O'Mahen, H. A., Woodford, J., McGinley, J., Warren, F. C., Richards, D. A., Lynch, T. R., & Taylor, R. S. (2013). Internet – based behavioral activation—Treatment for postnatal depression (Netmums): A randomized controlled trial. *Journal of affective disorders, 150*(3), 814 – 822.

Godkin, M. A., Krant, M. J., & Doster, N. J. (1984). The impact of hospice care on families. *The International Journal of Psychiatry in Medicine, 13*(2), 153 – 165.

Robbins, R. A. (1994). Death competency: Bugen's coping with death scale and death self – efficacy. "Death anxiety handbook: Research, instrumentation, and application", 149 – 165.

3부

오정아 역 (2016). 나는 왜 시간에 쫓기는가. 프런티어. 원저: Zimbardo, P. G., & Boyd, J. N. (2008). The Time Paradox: The New Psychology of Time That Will Change Your Life. Simon and Schuster.

Boniwell, I., & Zimbardo, P. G. (2004). Balancing time perspective in pursuit of optimal functioning. *Positive psychology in practice, 10*, 165 – 180.

D'alessio, M., Guarino, A., De Pascalis, V., & Zimbardo, P. G. (2003). Testing Zimbardo's

Stanford Time Perspective Inventory (STPI)-Short Form An Italian Study. *Time & Society, 12*(2-3), 333-347.

Zimbardo, P. G., & Boyd, J. N. (1999). Putting time in perspective: A valid, reliable individual-differences metric. *Journal of personality and social psychology, 77*(6), 1271-1288.

Loveday, C. (2001). "The Secret World of the Brain: What It Does, How It Works, and How It Affects Behavior." Carlton Books, Ltd.

Kahneman, D., & Snell, J. (1992). Predicting a changing taste: Do people know what they will like? *Journal of Behavioral Decision Making, 5*(3), 187-200.

LeBoeuf, R. A. (2006). Discount rates for time versus dates: The sensitivity of discounting to time-interval description. *Journal of Marketing Research, 43*(1), 59-72.

Thaler, R. (1980). Toward a positive theory of consumer choice. *Journal of Economic Behavior & Organization, 1*(1), 39-60.

4부

Wilson, T. D., & Gilbert, D. T. (2005). Affective forecasting: Knowing what to want. *Current directions in psychological science, 14*(3), 131-134.

Gilbert, D. T., Pinel, E. C., Wilson, T. D., Blumberg, S. J., & Wheatley, T. P. (1998). Immune neglect: a source of durability bias in affective forecasting. *Journal of personality and social psychology, 75*(3), 617.

마음 실험실

첫판 1쇄 펴낸날 2021년 9월 30일
4쇄 펴낸날 2021년 11월 25일

지은이 이고은
발행인 김혜경
편집인 김수진
편집기획 김교석 조한나 이지은 유승연 임지원 곽세라
디자인 한승연 성윤정
경영지원국 안정숙
마케팅 문창운 백윤진 박희원
회계 임옥희 양여진 김주연

펴낸곳 (주)도서출판 푸른숲
출판등록 2003년 12월 17일 제2003-000032호
주소 경기도 파주시 심학산로 10(서패동) 3층, 우편번호 10881
전화 031)955-9005(마케팅부), 031)955-9010(편집부)
팩스 031)955-9015(마케팅부), 031)955-9017(편집부)
홈페이지 www.prunsoop.co.kr
페이스북 www.facebook.com/simsimpress   인스타그램 @simsimbooks

ⓒ이고은
ISBN 979-11-5675-788-7(03180)

심심은 (주)도서출판 푸른숲의 인문·심리 브랜드입니다.